3年

実力アップ 白地図ノート

教科書ワーク
96ページの
プラスワークも
見てみましょう。

JN096383

自分だけの地図を作って
社会の力をのばす！調べ学習にも！

年	組	名前

※地図の縮尺は異なっている場合があります。また、一部の離島を省略している場合があります。

「白地図ノート」はとりはずして使用できます。

1 わたしのまちの地図を つくろう

方位の記号

2 みんなのまち①
北海道・青森県・岩手県

使い方のヒント
次の都道府県を地図帳で調べてみよう。
知っているたて物や山・川などがあれば、
地図に書きこもうね。

●都道府県名をなぞってみよう。
●点線になっているところは、となりあう都道府県とのさかいだよ。上からなぞってみよう。

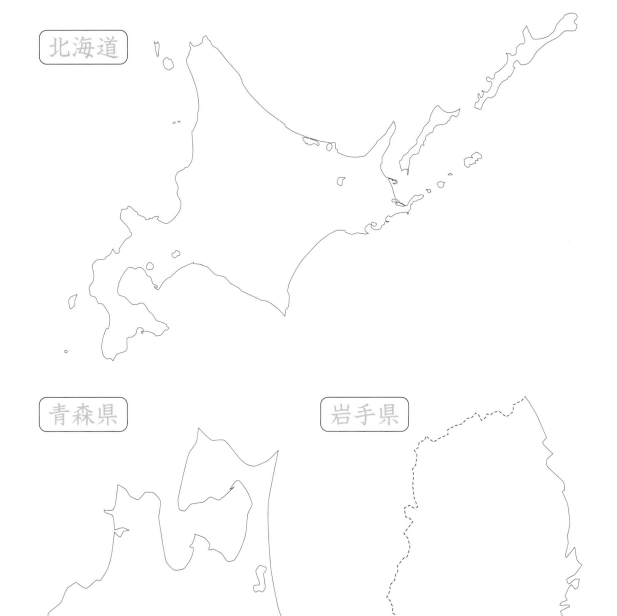

北海道

青森県　　　　　岩手県

※地図の縮尺は同じではありません。

3 みんなのまち②
宮城県・秋田県・山形県・福島県

●都道府県名をなぞってみよう。
●点線になっているところは、となりあう都道府県とのさかいだよ。上からなぞってみよう。

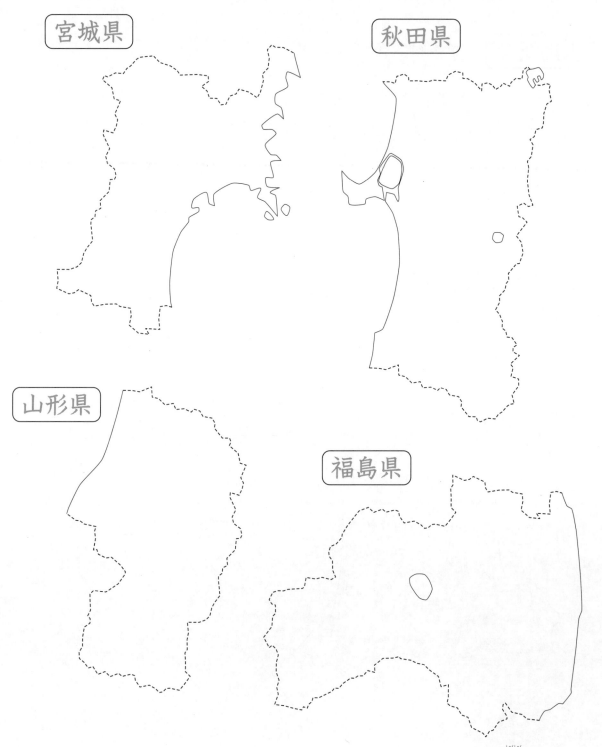

宮城県

秋田県

山形県

福島県

※地図の縮尺は同じではありません。

4 みんなのまち③
茨城県・栃木県・群馬県・埼玉県
いばらきけん とちぎけん ぐんまけん さいたまけん

使い方の**ヒント**

次の都道府県を地図帳で調べてみよう。
知っているたて物や山・川などがあれば、
地図に書きこもうね。

●都道府県名をなぞってみよう。
●点線になっているところは、となりあう都道府県とのさかいだよ。上からなぞってみよう。

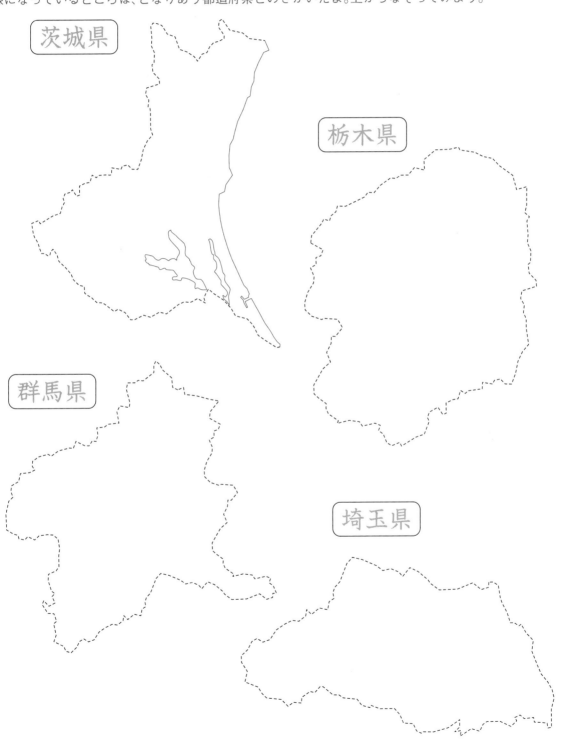

茨城県

栃木県

群馬県

埼玉県

※地図の縮尺は同じではありません。

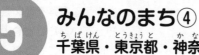

5 みんなのまち④
千葉県・東京都・神奈川県

●都道府県名をなぞってみよう。
●点線になっているところは、となりあう都道府県とのさかいだよ。上からなぞってみよう。

千葉県

神奈川県

東京都

※地図の縮尺は同じではありません。

6

6 みんなのまち⑤
新潟県・富山県・石川県・福井県
<small>にいがたけん　とやまけん　いしかわけん　ふくいけん</small>

使い方のヒント
次の都道府県を地図帳で調べてみよう。
知っているたて物や山・川などがあれば、
地図に書きこもうね。

●都道府県名をなぞってみよう。
●点線になっているところは、となりあう都道府県とのさかいだよ。上からなぞってみよう。

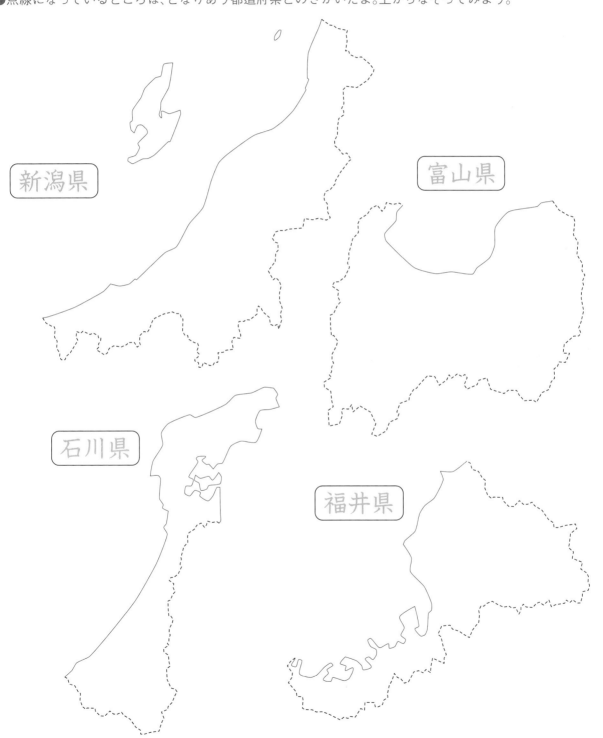

新潟県

富山県

石川県

福井県

※地図の縮尺は同じではありません。

7 みんなのまち⑥
山梨県・長野県・岐阜県

使い方のヒント
次の都道府県を地図帳で調べてみよう。
知っているたて物や山・川などがあれば、
地図に書きこもうね。

●都道府県名をなぞってみよう。
●点線になっているところは、となりあう都道府県とのさかいだよ。上からなぞってみよう。

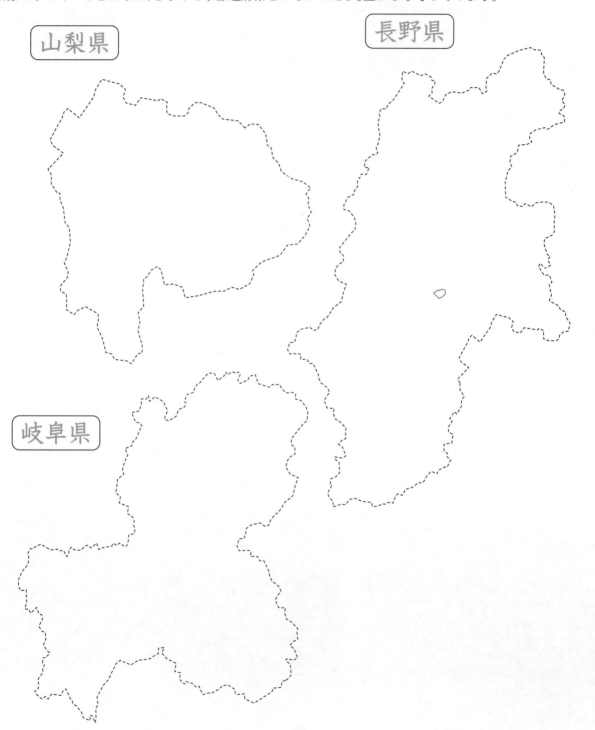

山梨県

長野県

岐阜県

※地図の縮尺は同じではありません。

8 みんなのまち⑦
静岡県・愛知県・三重県

使い方のヒント
次の都道府県を地図帳で調べてみよう。
知っているたて物や山・川などがあれば、
地図に書きこもうね。

●都道府県名をなぞってみよう。
●点線になっているところは、となりあう都道府県とのさかいだよ。上からなぞってみよう。

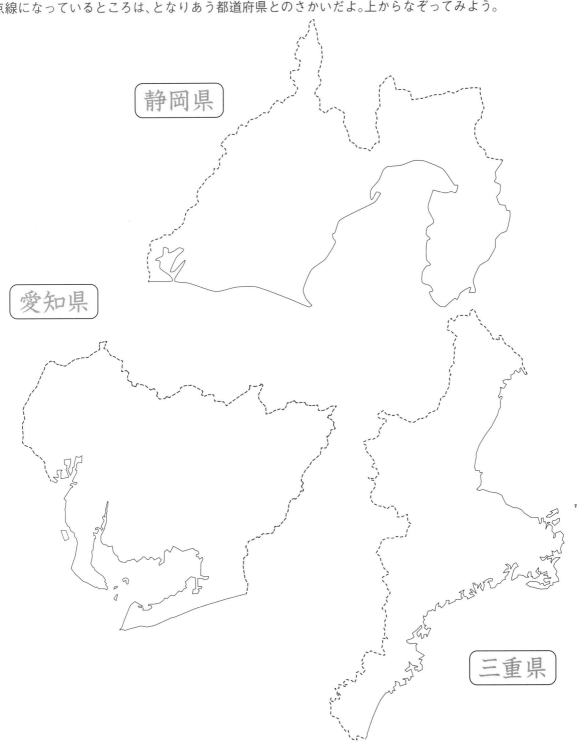

静岡県

愛知県

三重県

※地図の縮尺は同じではありません。

9 みんなのまち⑧
滋賀県・京都府・大阪府・兵庫県

使い方のヒント
次の都道府県を地図帳で調べてみよう。
知っているたて物や山・川などがあれば、
地図に書きこもうね。

●都道府県名をなぞってみよう。
●点線になっているところは、となりあう都道府県とのさかいだよ。上からなぞってみよう。

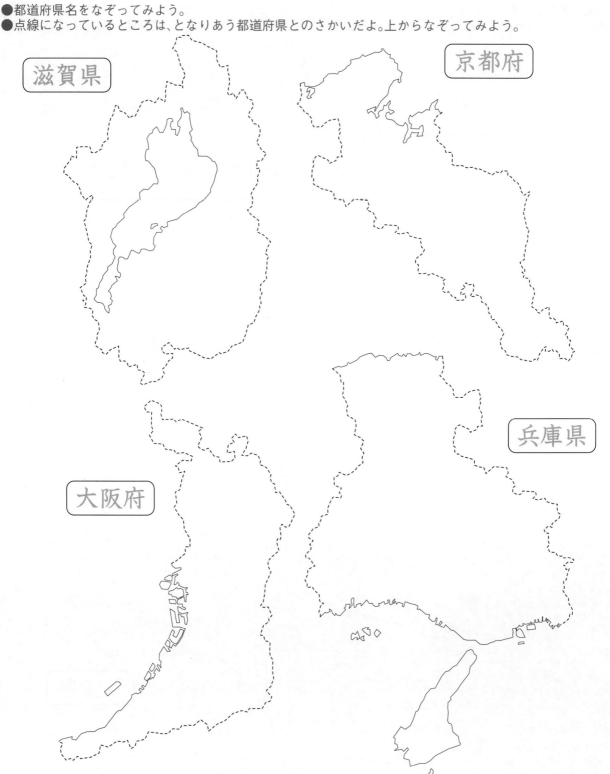

滋賀県

京都府

兵庫県

大阪府

※地図の縮尺は同じではありません。

10 みんなのまち⑨
奈良県・和歌山県・鳥取県・島根県
<small>なら けん　わ か やまけん　とっとりけん　しま ね けん</small>

使い方のヒント
次の都道府県を地図帳で調べてみよう。
知っているたて物や山・川などがあれば、
地図に書きこもうね。

●都道府県名をなぞってみよう。
●点線になっているところは、となりあう都道府県とのさかいだよ。上からなぞってみよう。

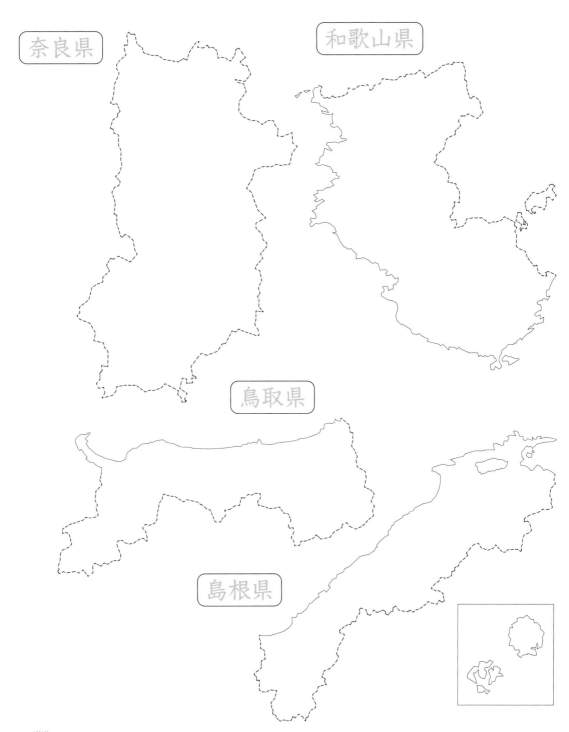

奈良県　和歌山県　鳥取県　島根県

※地図の縮尺は同じではありません。

11 みんなのまち⑩
岡山県・広島県・山口県
おかやまけん　ひろしまけん　やまぐちけん

使い方のヒント
次の都道府県を地図帳で調べてみよう。
知っているたて物や山・川などがあれば、
地図に書きこもうね。

●都道府県名をなぞってみよう。
●点線になっているところは、となりあう都道府県とのさかいだよ。上からなぞってみよう。

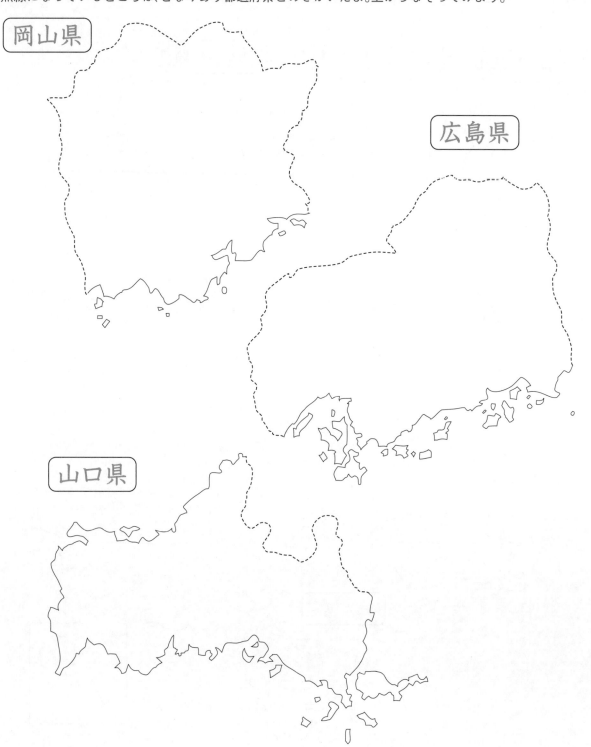

岡山県

広島県

山口県

※地図の縮尺は同じではありません。

12 みんなのまち⑪
徳島県・香川県・愛媛県・高知県
とくしまけん かがわけん えひめけん こうちけん

使い方のヒント
次の都道府県を地図帳で調べてみよう。
知っているたて物や山・川などがあれば、
地図に書きこもうね。

●都道府県名をなぞってみよう。
●点線になっているところは、となりあう都道府県とのさかいだよ。上からなぞってみよう。

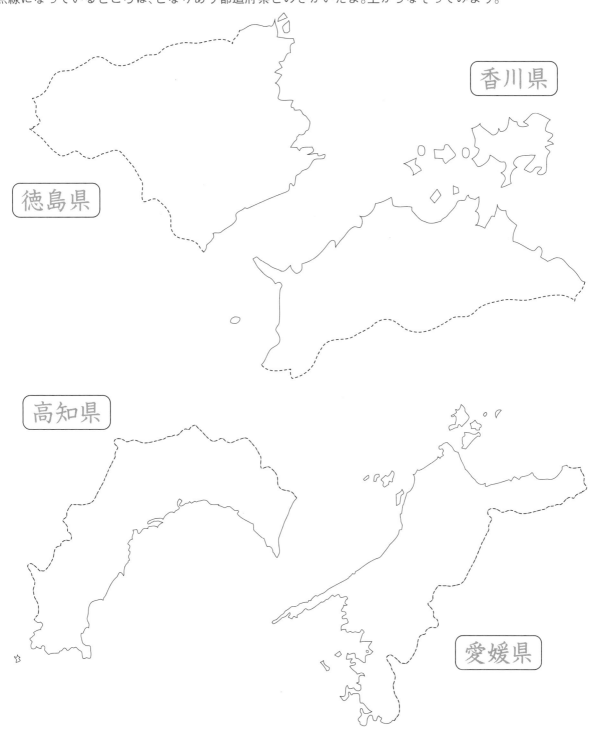

香川県

徳島県

高知県

愛媛県

※地図の縮尺は同じではありません。

13 みんなのまち⑫
福岡県・佐賀県・長崎県・熊本県

使い方のヒント
次の都道府県を地図帳で調べてみよう。
知っているたて物や山・川などがあれば、
地図に書きこもうね。

●都道府県名をなぞってみよう。
●点線になっているところは、となりあう都道府県とのさかいだよ。上からなぞってみよう。

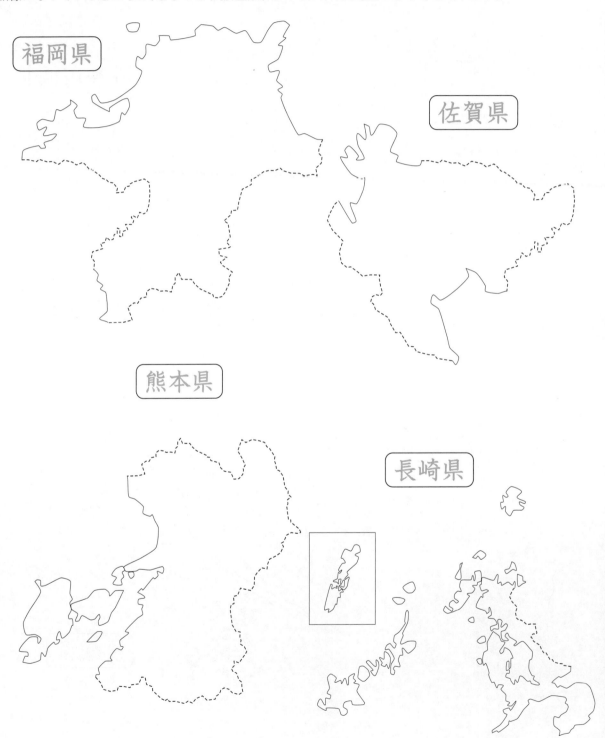

福岡県

佐賀県

熊本県

長崎県

※地図の縮尺は同じではありません。

14 みんなのまち⑬
大分県・宮崎県・鹿児島県・沖縄県
<small>おおいたけん　みやざきけん　か　ごしまけん　おきなわけん</small>

●都道府県名をなぞってみよう。
●点線になっているところは、となりあう都道府県とのさかいだよ。上からなぞってみよう。

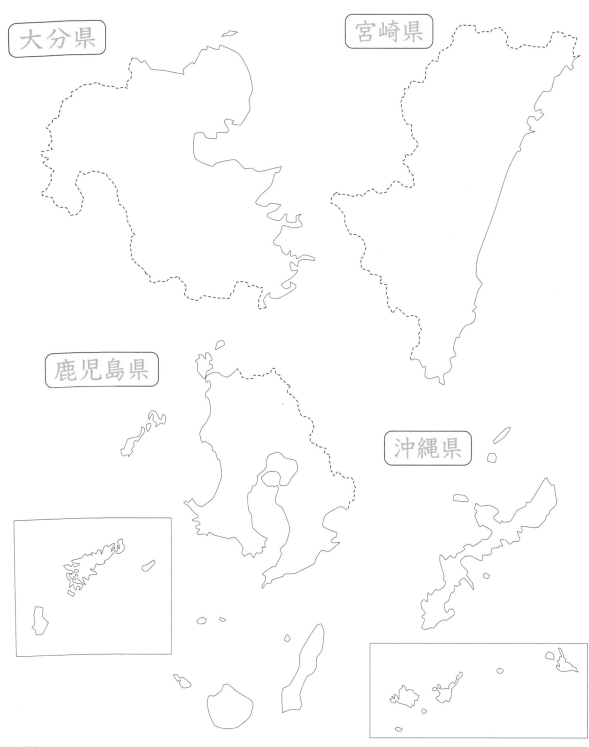

大分県

宮崎県

鹿児島県

沖縄県

※地図の縮尺は同じではありません。

15

15 日本地図

使い方のヒント
キミの住んでいる都道府県、行ったことのある都道府県、これから行ってみたい都道府県などを色でぬり分けてみよう。

●色分けのルールをかこう。

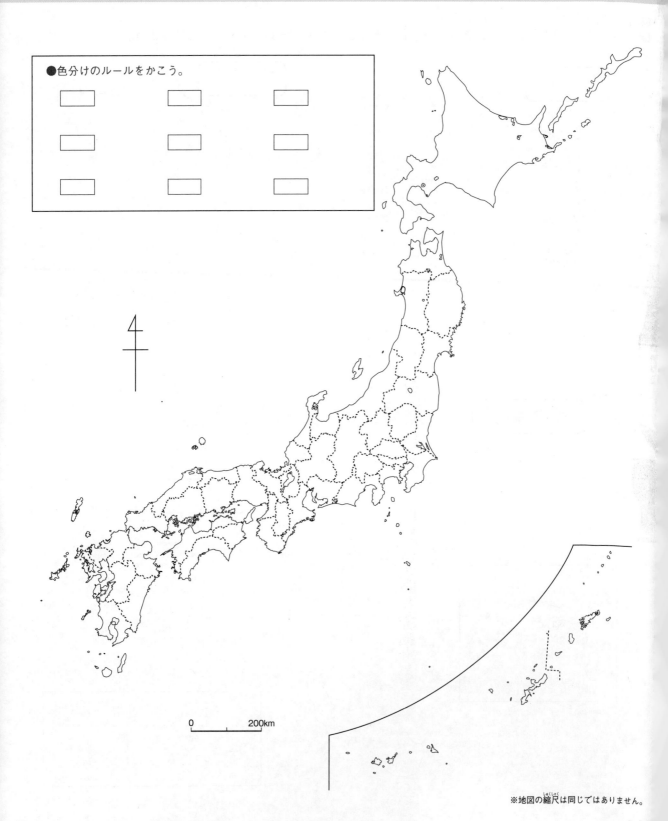

0　　　200km

※地図の縮尺は同じではありません。

わくわくシール

★１日の学習がおわったら、チャレンジシールをはろう。
★実力はんていテストがおわったら、まんてんシールをはろう。

チャレンジシール

安全マップをつくろう

まわりにこんなところはないかな？

木にかこまれた公園 きけん

見えにくい自転車おきば きけん

歩道がなくせまい道 きけん

外から見えない階だん きけん

外から見える公園 安全

ガードレールのある道 安全

あぶないところは家からどの方位にある？

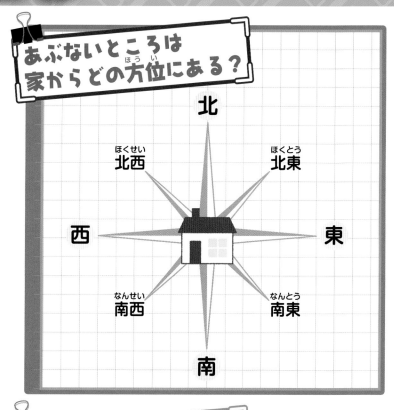

北
北西（ほくせい）　北東（ほくとう）
西　　　　　　　　東
南西（なんせい）　南東（なんとう）
南

こんな場所があぶない！

！入りやすい
どんな人がいるかわからない。

！見えにくい
なにが起きているのか、外からわからない。

子ども110番の家や店

安全 こまったときに助けてもらえる

 こども SOS
北海道札幌市　札幌市子ども110番の家　SAPP_RO

 ピーガルくん こども110番のいえ
神奈川県　神奈川県警察

 こども110番
東京都　けいちょう

 こども110番のいえ
京都府

あぶないときは電話で通ほうしよう

● 火事や救急のとき（かじ・きゅうきゅう）
119（消ぼう）

● 事件や事故のとき（じけん・じこ）
110（けいさつ）

通ほうメモ

落ち着いてつたえよう

住所（じゅうしょ）	名前
目じるし	電話番号（ばんごう）

はっけん★ まちのうつりかわり

じぶんの住んでいる まちのうつりかわりも 調べてみよう！

大阪府大阪市（新大阪駅）

昔　1957年

今　新大阪駅

1960年　北

北

田のあったところに 新かん線の駅ができたんだね。

新潟県新潟市（新潟駅）

昔　1941年

今

昔の駅のたて物は ようすがちがうね。

愛媛県松山市（大街道商店街）

大きな屋根ができているよ。

1935年　昔

大街道　今

東京都新宿区（新宿通り）

昔

1932年

道の真ん中に 電車が通ってるね。

今

時期の区分（時代）

江戸時代	明治時代 150年くらい前〜	大正時代 110年くらい前〜	昭和時代 90年くらい前〜	平成時代 30年くらい前〜	令和時代 今

わくわく 地図記号 カード

教科書ワーク

アプリにも対応！

何の地図記号かな？

昔のぐんたいで、けがや病気の人を助ける「えいせいたい」の記号をもとにしてできたんだ。

⑥

何の地図記号かな？

漢字の「文」の文字をもとにしてできた記号だよ。○でかこむと高校の記号になるよ。

①

何の地図記号かな？

入口にたっている「とりい」の形からできたんだ。身近な「とりい」をさがしてみよう！

⑦

何の地図記号かな？

昔、ゆうびんの仕事をしていた役所、「逓信省」の頭文字「テ」からできたんだ。

②

何の地図記号かな？

仏教でおめてたいことを表す「まんじ」という記号の形からできたんだ。昔からある場所に多いかも！

⑧

何の地図記号かな？

けいさつ官のもつ「けいぼう」を2本くみあわせた形だよ。○でかこむと「けいさつしょ」の記号になるよ。

③

何の地図記号かな？

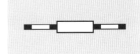

線路とホームを表す記号だよ。□の長さはホームの長さになっているんだって！

⑨

何の地図記号かな？

昔、火事を消すときに使っていた「さすまた」という道具の形からできたんだよ。

④

何の地図記号かな？

道と区別するために、両はしが開いた形になっているんだ。川をわたるときにあるとべんりだよね。

⑩

何の地図記号かな？

100年以上前からある古い記号。東京都の区役所も表すよ。一重の○だと「町村役場」の記号になるよ。

⑤

何の地図記号かな？

「歯車」と「電気の線」がもとになっているんだよ。同じ記号で「変電所」も表すんだ。

⑪

病院

地図からさがそう

木瀬東（六）

木瀬東（五）

高木瀬東

木瀬東（三）

⑥

神社

地図からさがそう

北根小屋

⑦

学校（小学校・中学校）

地図からさがそう

208

ケイ丘団地

①

寺

地図からさがそう

仁和寺通

売通

伊藤

⑧

ゆうびん局

地図からさがそう

森の町

西２８丁

西

１９

②

駅と鉄道

地図からさがそう

片倉駅

⑨

交番

地図からさがそう

本町（一

122

③

橋

地図からさがそう

豊

南七条大橋

水車町

南大橋

旭

⑩

消ぼうしょ

地図からさがそう

石

小山ケ

坂下

346

境

④

発電所

地図からさがそう

本沢ダム

城山湖

△351

⑪

市役所

地図からさがそう

12　時計台

230

大通駅

36

⑤

何の地図記号かな？

東京国立博物館の入口の形からできたんだって。めずらしいものがあるよね。「美術館」も同じ記号だよ。

⑫

何の地図記号かな？

城をたてるときの「なわばり」の形なんだって。たて物がのこっているところもあるよね。

⑱

何の地図記号かな？

開いた本の形からできた記号だよ。本がたくさんある場所といえばもちろんここだね！

⑬

何の地図記号かな？

「いね」をかりとったあとの形からできた記号だよ。秋になると、いっぱい米がとれるところだよ。

⑲

何の地図記号かな？

お年よりがつくつえと、たて物の形を表しているよ。小学生がデザインしたんだって！

⑭

何の地図記号かな？

植物の二枚の葉の形からできた記号だよ。季節ごとの作物がとれるよね。

⑳

何の地図記号かな？

湯つぼと湯けむりの形からできた記号だよ。あたたかくて、きもちいいよね。

⑮

何の地図記号かな？

「りんご」や「なし」などの実を横から見た形からできた記号だよ。ほかのくだものでも同じ記号だよ。

㉑

何の地図記号かな？

風力発電に使うしせつの形からできた記号だよ。まちのなかにもあるか探してみよう。

⑯

何の地図記号かな？

「お茶の実」を半分に切ったときの形からできた記号なんだ。

㉒

何の地図記号かな？

船の「いかり」の形からできたよ。にもつをつんだ船が行きかうところだよ。

⑰

何の地図記号かな？

「ざっ草」が生えているようすからできた記号だよ。

㉓

城あと（しろ）　地図（ちず）からさがそう　⑱

文化会館
駿府城公園
24
大体
駿府町

はくぶつ館（かん）　地図（ちず）からさがそう　⑫

西本願寺
札幌管区気象

田　地図（ちず）からさがそう　⑲

上
高
西大谷

図書館（としょかん）　地図（ちず）からさがそう　⑬

畑（はたけ）　地図（ちず）からさがそう　⑳

15

老人ホーム（ろうじん）　地図（ちず）からさがそう　⑭

山西町
円山西町
98
・258

かじゅ園（えん）　地図（ちず）からさがそう　㉑

190
丸山
中村

温泉（おんせん）　地図（ちず）からさがそう　⑮

250
大悲閣

茶畑（ちゃばたけ）　地図（ちず）からさがそう　㉒

国吉田
静岡英和学院大
静岡英和短大

風車（ふうしゃ）　地図（ちず）からさがそう　⑯

あれ地（ち）　地図（ちず）からさがそう　㉓

鏡水

港（みなと）　地図（ちず）からさがそう　⑰

尼崎西宮芦屋港

教科書ワーク
もくじ

日本文教版
社会3年

▶動画 コードを読みとって、下の番号の動画を見てみよう。

この本のページ

写真提供：アフロ、板橋区資源循環推進課、『川越市の昭和』いき出版刊行、津市交通政策課、毎日新聞社、読売新聞、Cynet Photo、PIXTA（敬称略　五十音順　アルファベット順）

1　わたしたちの住んでいる市のようす①

勉強した日 ▶ 　月　日

もくひょう
しせつの役わりや方位じしんの使い方をたしかめよう。

おわったらシールをはろう

きほんのワーク

教科書 8〜17ページ　答え 1ページ

1　姫路市のようすを調べる／姫路市を調べる計画を立てる

✏ （　　）にあてはまる言葉を▢からえらんで、姫路市のようすを調べましょう。

● ①（　　　　　　　　　）を使って姫路市がどこまでかを調べる。
● 新聞や、もらった②（　　　　　　　　　）で姫路市について調べる。
● 地図帳や③（　　　　　　　）の地図などで、姫路市のいろいろ
　な場所や行き方などを調べ、白地図やカードにかきこむ。
　◆ 場所は、④（　　　　　　　　　）を使うと説明しやすい。

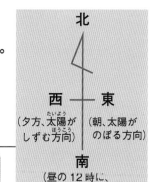

北
西 ── 東
（夕方、太陽が　（朝、太陽が
しずむ方向）　のぼる方向）
南
（昼の 12 時に、
太陽がある方向）

```
地図　　方位　　パンフレット　　インターネット
```

2　学校のまわり〜見学の計画を立てる〜

✏ （　　）にあてはまる言葉をあとの▢からえらんで、計画メモをまとめましょう。

調べること	● 高い、ひくいなどの⑤（　　　　　　　）のようす。 ● 道はば、駅、バスていなどの⑥（　　　　　　　）のようす。
調べ方	● かんさつして、気になったたてものや土地のようすをメモする。 ● 市役所の人に話を聞いたり、しりょうをもらったりする。
持っていくもの	● 方位を調べるための⑦（　　　　　　　）、白地図、見学カード、 　ひっき用具、タブレット。
地図のきまり	● じっさいのきょりをどのくらいちぢめたかは、 　⑧（　　　　　　　）でしめされる。

よみトク！ しりょう　方位じしんのまとめ

● 方位じしんを⑨（　　　　　　　）ところにおいたとき、色
　のついたはりがさす方位が北。

● 色のついたはりが、⑩（　　　　　　　）と書いてあるところ
　に合うように方位じしんを回すと、**東西南北**がわかる。

```
北　交通　しゅくしゃく　平らな　土地　方位じしん
```

しゃかいか工場　方位じしんは、船や飛行機をそうじゅうするときに方位を知るためのたいせつな道具としてりようされてきたよ。「コンパス」や「羅針盤」ともよばれるんだ。

練習のワーク

教科書 8～17ページ　答え 1ページ

1 次の問いに答えましょう。

(1) あなたが住んでいる市（または区・町・村）の名前を書きましょう。
（　　　　　）

(2) あなたが住んでいるところには、どのような「〇〇市立（区立・町立・村立）」のしせつがありますか。1つ書きましょう。（　　　　　）

(3) あなたが住んでいる市（または区・町・村）のまわりには、どのような市（または区・町・村）がありますか。名前を1つ書きましょう。（　　　　　）

2 学校のまわりの調べ方について、次の問いに答えましょう。

(1) 学校のまわりの調べ方として正しいもの2つに〇を書きましょう。
　⑦（　　）気になる土地のようすを見学カードにメモする。
　⑦（　　）交通ルールは、めんどうであれば守らなくてもよい。
　⑦（　　）たてもののしゅるいや数を調べる。
　⑦（　　）たてものの場所をしめすときは「近く」などかんたんでよい。

(2) 学校のまわりを調べるときに持っていくものとして、正しいもの1つに〇を書きましょう。
　⑦（　　）ひっき用具　　⑦（　　）けいたいゲーム　　⑦（　　）まんが本

(3) 右の図のように、じっさいのきょりをどのくらいちぢめたかをしめすものの名前を書きましょう。　（　　　　　）

3 方位について、次の問いに答えましょう。

(1) 右の図は、方位をしめす記号です。□にあてはまる方位を、それぞれ書きましょう。

(2) 方位じしんは何の力で方位をしめしますか。あてはまるもの1つに〇を書きましょう。
　⑦（　　）電気の力　　⑦（　　）水の力
　⑦（　　）じしゃくの力　　⑦（　　）ねつの力

(3) 方位じしんを平らなところにおくと、色のついたはりはどの方位をさしますか。　（　　　　　）

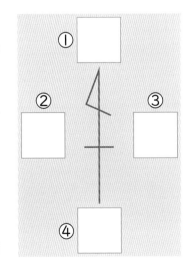

 **ポイント** 4つの方位がわかると、人に場所をつたえやすくなる。

2 わたしたちの住んでいる 市のようす②

きほんのワーク

もくひょう・
学校のまわりにどのようなしせつがあるのか、たしかめよう。

おわったら
シールを
はろう

教科書 18～21ページ　答え 1 ページ

---

1 学校のまわり～見学～

🖊 学校のまわりの見学について、（　）にあてはまる言葉をあとの　　からえらびましょう。

● 見学カードをつくり、はじめて気づいたところを写真にとったり①（　　　　　　　）にかいたりする。

● 見学カードの「見つけたこと」には、前もって立てた見学の②（　　　　　　）の「調べること」を思い出して書きこむ。

● 学校や③（　　　　　）は、市によってつくられた④（　　　　　　）である。

公共しせつ
学校や公園などのように、みんなのために市などがつくったしせつ。

　計画　　絵　　公民館　　公共しせつ

見学カード（学校の西がわ）
◎たてものや土地のようす

◎見つけたこと
　朝と夕方は電車の本数が多い。

◎もっと知りたいこと
　人びとは駅を使ってどこに行くのか。

---

2 学校のまわり～調べたことを整理する～

🖊 （　）にあてはまる言葉をあとの　　からえらび、表を完成させましょう。

よみトク！ 地図

地図記号	意味
文	⑤（　　　　　）
田	⑥（　　　　　）
⊖	⑦（　　　　　）
⊡	⑧（　　　　　）
卍	⑨（　　　　　）
卍	⑩（　　　　　）

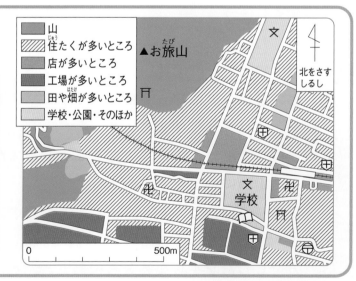

凡例：
山
住たくが多いところ
店が多いところ
工場が多いところ
田や畑が多いところ
学校・公園・そのほか

▲お旅山

北をさすしるし

0　　　　500m

　学校　　寺　　病院　　神社　　ゆうびん局　　図書館

しゃかいか工場　ほとんどのスマートフォンにはGPSというきのうがついているので、まちに出たときに、自分が今どこにいるのかがすぐにわかるよ。

練習のワーク

勉強した日 ▶ 月 日

できた数

／9問中

おわったら
シールを
はろう

教科書　18〜21ページ　答え　1ページ

1 みんながりようするしせつについて、次の問いに答えましょう。

(1) 次の3人が説明するしせつを、あとからえらんで、(　　　)に書きましょう。

① (　　　)
わたしたちが勉強をするために通っています。

② (　　　)
市内に住むみんなのためにしょるいをつくっています。

③ (　　　)
市のみんなのために本を集めて、かし出しています。

　⑦図書館　　　④学校　　　⑦市役所

(2) (1)のような、みんながりようするために市などがつくったしせつを何といいますか。
(　　　　　　　　　)

2 白地図を使ってつくった、次の2つの地図を見て、あとの問いに答えましょう。

(1) ⑥、⑩の**地図**について、正しいものには○、あやまっているものには×を書きましょう。

① (　　) 2つの地図は、上が北としてかかれている。

② (　　) ⑥の地図は⑩の地図にくらべて学校の広さがわかりやすい。

③ (　　) ⑩の地図は、記号のきまりと色分けがあるのでだれでも見やすい。

④ (　　) ⑥の地図を見ると、田や畑が多いところがわかる。

(2) ⑩の**地図**に見られる土地の使われ方やたてものなどをしめした記号を何といいますか。
(　　　　　　　　　)

ポイント　学校のまわりにあるしせつを調べてみる。

5

まとめのテスト

1 わたしたちの住んでいる 市のようす①②

勉強した日〉 月 日

とく点 /100点

おわったら シールを はろう

教科書 8〜21ページ 答え 1ページ

時間 20分

---

1 方位をたしかめる 次の問いに答えましょう。

1つ5点〔25点〕

(1) 右の図の①、②にあてはまる方位を□に書きましょう。

(2) 朝、太陽がのぼる方向は、東西南北のうち、どの方位ですか。 （　　　　　　　）

(3) 方位をたしかめるためのじしゃくを何といいますか。 （　　　　　　　）

(4) (3)を平らなところにおいたとき、色のついたはりがさしているのは東西南北のうち、どの方位ですか。 （　　　　　　　）

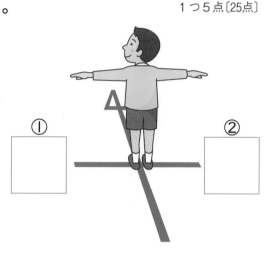

①□　　②□

---

2 たんけんの計画 次の問いに答えましょう。

1つ5点〔25点〕

(1) たんけんや見学で持っていく、インターネットを使って調べものをしたり、カメラのきのうを使って土地のようすをさつえいしたりするものを何といいますか。

（　　　　　　　　　　　）

(2) 見学して調べるときの行動として、あやまっているもの2つに×を書きましょう。

　⑦（　　）見晴らしのよいところだったので、車道に出てまちのようすを調べた。

　⑦（　　）高そうなビルを見つけてかってに屋上にのぼり、たてもののしゅるいや数を調べた。

　⑦（　　）かんさつして気づいたことがあったので、歩行者のじゃまにならないように歩道のはしによって、メモをした。

　⑦（　　）じっさいに行けないところがあったので、パンフレットやインターネットを使って調べることにした。

(3) 見学の計画メモの（　　　）にあてはまる言葉を書きましょう。

調べ方	●歩いてかんさつし、気になるものは見学カードにメモをとる。 ●市役所の人などに話を聞いたり、①（　　　　　　　）をもらったりする。
白地図への記入のしかた	●白地図は、②（　　　　　　　）を上にして、自分で決めたマークを使って、たてものや土地のようすをかきこむ。

3 公共しせつ　次のうち、公共しせつとして正しいものを2つえらびましょう。

（　　　）（　　　）

ア

公園

イ

スーパーマーケット

ウ

図書館

エ

畑

4 地図を読み取る　右の地図を見て、次の問いに答えましょう。　1つ5点〔40点〕

作図・

(1)　地図中から、図書館をしめす地図記号をえらんでかきましょう。

▲お旅山

北をさすしるし

✕ 学校　　　⊞ 病院
⊕ ゆうびん局　　📖 図書館
卍 神社　　　卍 寺

🟫 山　　🟫 店が多いところ
▨ 住たくが多いところ
🟫 工場が多いところ
🟩 田や畑が多いところ
□ 学校・公園・そのほか

0　　　　　500m

(2)　地図中の左下にある、地図上の長さをしめすものを何といいますか。

（　　　　　　　　　　）

(3)　地図からわかることとして正しいものには〇、あやまっているものには×を書きましょう。

①（　　）鉄道より北にある学校の東がわには、ゆうびん局がある。

②（　　）寺は2つある。

③（　　）鉄道より北にある学校のすぐ東がわは、店が多いところだ。

④（　　）地図の中では住たくが多いところがもっとも多い。

⑤（　　）鉄道より南にある学校のまわりには、病院がある。

(4)　次のうち、土地のようすを色分けしてあらわす地図について、正しく説明したもの1つに〇を書きましょう。

ア（　　）家やたてものを一つずつかくので、時間がかかる。

イ（　　）その土地が何にりようされているか、ひと目でわかる。

ウ（　　）記号の使われかたに決まりがないので、どこに何があるかが、地図をつくった人にだけわかる。

1 わたしたちの住んでいる 市のようす③

もくひょう
写真や地図から、その土地のとくちょうをりかいしよう。

おわったらシールをはろう

きほんのワーク

教科書 22〜25ページ　答え 2ページ

1 姫路駅のまわり

✎ （　　　）にあてはまる言葉をあとの　　からえらんで、姫路駅のまわりのようすをたしかめましょう。

よみトク！しりょう　姫路駅のまわりのようす

姫路駅前の通り

●姫路駅の前には、まっすぐで①（　　　　　）道路が通っていて、高いたてものや店がならぶ。

◆②（　　　　　）の駅や、バスやタクシーの乗り場がある。姫路市は③（　　　　　）の便がよい。

◆④（　　　　　）に登録されている**姫路城**に⑤（　　　　　）に行く人が多い。

姫路市の交通の地図

市・町のさかい
鉄道
高速道路
国道
おもな道路
航路

央粟市　神河町　市川町
佐用町　福崎町
中国自動車道
播但れんらく道路
たつの市　山陽自動車道　加西市
姫新線　山陽本線
相生市　太子町　新かん線
山陽電鉄　ひめじ　加古川市
高砂市
瀬戸内海

0　5km

```
鉄道    交通    世界いさん    広い    観光
```

2 市役所やみんながりようするしせつがあるところ

✎ （　　　）にあてはまる言葉をあとの　　からえらんで、市役所のまわりのようすをまとめましょう。

●**市役所**や手柄山のまわりには、たくさんの⑥（　　　　　）がある。

●⑦（　　　　　）では、**さいがい**がおきたときの体けんができる。

●**市役所**はさいがいにそなえて⑧（　　　　　）できる場所を決めている。

●**市役所**は市民センターなどの**公共しせつ**を⑨（　　　　　）したり、市の**観光パンフレット**をつくったりしている。

つながるSDGs
市役所ではSDGsについて知ってもらうための活動をしている。

```
ぼうさいセンター    ひなん    公共しせつ    管理
```

しゃかいか工場　姫路駅の近くにある姫路城は、白いかべがとても美しくて、国宝に指定されているよ。1993年に、奈良の法隆寺とともに日本ではじめての「世界文化いさん」に登録されたんだ。

練習のワーク

勉強した日 ▷　　月　　日

できた数

／10問中

おわったら
シールを
はろう

教科書　22～25ページ　　答え　2ページ

1 右の地図は、姫路駅ふきんのようすです。次の問いに答えましょう。

(1)　**地図**から読み取れることとして、正しいものには○、あやまっているものには×を書きましょう。

①（　　　）姫路駅の中には、ゆうびん局がある。

②（　　　）姫路駅の西がわには寺はあるが神社はない。

③（　　　）姫路駅の北がわの広い道の両がわには、高いたてものが多い。

④（　　　）姫路駅のまわりには、博物館・美じゅつ館が集まっている。

⑤（　　　）姫路駅を通る鉄道は1つである。

地図の凡例:
- 文 学校
- ⊕ ゆうびん局
- 博物館・美じゅつ館
- 𐐒 しろあと
- ━━ 鉄道
- 卍 神社
- 卍 寺
- ☆ 工場
- 病院
- ✕ 交番
- 店が多いところ
- 高いたてものが多いところ
- 家が多いところ
- 森林・緑地

姫路城
さんようひめじ
ひめじ
0　　500m

(2)　長い歴史を持つ姫路城は、未来に向かってのこしていくべきだと世界的にみとめられたたてものです。このような場所やたてものを何といいますか。

（　　　　　　　）

2 次の問いに答えましょう。

(1)　市役所の仕事にはどのようなものがありますか。あてはまるもの2つに○を書きましょう。

㋐（　　　）移動したい人を乗せて、遠くのしせつまで運んでいる。

㋑（　　　）さいがいのときのひなん場所を決めたり、注意をよびかけたりしている。

㋒（　　　）水族館や図書館などの公共しせつを管理している。

㋓（　　　）手紙やはがきを、それぞれの家にとどけている。

(2)　地しんや大雨などによるさいがいをふせぐための取り組みを何といいますか。

（　　　　　　　）

(3)　市役所が市内の観光地などをしょうかいするために作成しているしりょうを何といいますか。

（　　　　　　　）

ポイント　地図記号には鉄道などたてもの以外のものもある。

9

1 わたしたちの住んでいる 市のようす④

きほんのワーク

1 古い町なみがのこるところ

✎ （　　）にあてはまる言葉をあとの◻️からえらんで、古い町なみがのこるところについてたしかめましょう。

● ①（　　　　　　　　）に聞くと、古い町なみや**町名**について教えてくれる。
● 姫路城のまわりには、米屋町や金屋町などの古い**町名**や、昔、さいがいにそなえてたてられた倉庫などがある古い②（　　　　　　　　）がのこっている。
● 祭りを昔のまま今につたえている③（　　　　　　　　）がある。

> 神社　　町なみ　　観光案内所

2 田や畑が多いところ

✎ （　　）にあてはまる言葉をあとの◻️からえらんで、田や畑が多いところのようすをまとめましょう。

よみトク！ しりょう　田や畑が多いところ

田のようす　　　　　　　　　　ため池のようす

● ④（　　　　　　　　）土地に
　⑤（　　　　　　　　）や畑が
広がり、**農業**がさかん。
● いつもは⑥（　　　　　）
から水を引いているが、水
不足にそなえて
　⑦（　　　　　　　　）がつくられている。
● ⑧（　　　　　　　　　　　）では、農家に作物のなえを配ったり、農作物の作り方を教えたりしている。
● ⑨（　　　　　　　　）では、地いきでとれた野菜などが売られる。子どもが野菜のはん売体けんをすることもある。

農業
米や野菜などを作ったり、ぶたや牛などをしいくしたりする仕事。

> 日曜朝市　　平らな　　農業しんこうセンター　　田　　ため池　　川

バスは、地いきの会社や市・町・村などが運行しているよ。住人の数や年れいなどに合わせて、バスを運行する時間帯や本数を決めているんだ。

勉強した日〉　　月　　日

できた数

／10問中

おわったら
シールを
はろう

教科書 26〜29ページ　　答え 2ページ

1 古い町なみがのこるところについて、次の問いに答えましょう。

(1) 地図中にしめされた町名のうち、次のいわれをもつ町名をえらびましょう。

① 米を売る店が集まっていた町だった。

（　　　　　　　）

② 金物屋とよばれる、なべやかまをつくるところが集まっていた町だった。

（　　　　　　　）

(2) 地図中の固寧倉は、200年ほど前にたてられた、食べ物をほかんするための倉庫です。この倉庫は何にそなえてたてられましたか。

（　　　　　　　）

2 田や畑が多いところについて、次の問いに答えましょう。

(1) 次の①〜④にあてはまる場所を、地図中のあ〜えからえらびましょう。

①（　　　）水不足にそなえて水をためている。

②（　　　）農業をはじめたい人に農作物の作り方を教えるなどの仕事をしている。

③（　　　）ふだんはここから農業に使う水を引いている。

④（　　　）平らな土地で米作りをさかんにおこなっている。

凡例:
- ━━ 鉄道
- ═══ 高速道路
- 文 学校
- 〒 ゆうびん局
- 卄 神社
- 卍 寺
- ⚡ 発電所・変電所
- 田
- 畑
- 家が多いところ
- 森林・緑地

0　　　1km

(2) 月に一度開かれる「日曜朝市」のようすとして、正しいものには○、あやまっているものには×を書きましょう。

①（　　　）農家の人のために、野菜やくだもののなえを配っている。

②（　　　）地いきでとれた、とれたての野菜を売っている。

③（　　　）小学校の子どもたちが、野菜のはん売体けんをすることがある。

ポイント 絵や写真と地図をむすびつけられるようにする。

11

1 わたしたちの住んでいる 市のようす⑤

もくひょう
山や海に近いところの土地のとくちょうをりかいしよう。

おわったらシールをはろう

きほんのワーク

教科書 30〜33ページ | 答え 2ページ

---

1 山にかこまれたところ

✎ ( )にあてはまる言葉をあとの ◻ からえらんで、山にかこまれたところについてたしかめましょう。

●ゆたかな①( )とふれ合えるキャンプ場がある。

●山のおくまで細い②( )がつづく。

●たてものが少なく、ほとんどが③( )である。

●ゆず作りや、木をあつかう④( )がさかん。

| 林業（りんぎょう） 自然（しぜん） 道 森林 |

> **林業**
> 木を育て、材木（ざいもく）などをつくる仕事（しごと）のこと。

---

2 海に近いところ

✎ ( )にあてはまる言葉をあとの ◻ からえらんで、海に近いところについてたしかめましょう。

よみトク！ 地図 海に近いところ

●⑤( )がたくさん集まっている。

●⑥( )てつくられた場所（ばしょ）は、⑦( )の形がまっすぐである。

●大きな船をりようして原料（げんりょう）や⑧( )をつんだり、おろしたりするためにつくられた⑨( )が近くにある。

●広い道路（どうろ）が通っているので、⑩( )でものを運（はこ）ぶのにべんりである。

地図中の記号：
✿ 工場 | 卍 神社（じんじゃ）
卍 寺 | ✕ 学校
┼┼┼┼ 鉄道（てつどう）
田 | 畑（はたけ）
家が多いところ（いえ）
緑地（りょくち）

大津茂川 ひらまつ
さんようあばし
揖保川（いぼ）
姫路港（ひめじこう）
0 1km

> **工業**（こうぎょう）
> 機械（きかい）などを使って、原料（げんりょう）を人のくらしにべんりなせい品につくりかえる仕事のこと。

| トラック うめ立て 港（みなと） せい品（ひん） 工場 海岸線（かいがんせん） |

しゃかいか工場 うちゅうからさつえいした写真（しゃしん）を、衛星写真（えいせい）というよ。ロケットで打（う）ち上げられた人工衛星（じんこう）が地球のまわりを回っていて、そこから写真をとっているんだ。

練習のワーク

できた数

／10問中

おわったら
シールを
はろう

教科書 30〜33ページ 答え 2ページ

1 山にかこまれたところについて、次の問いに答えましょう。

(1) 右の**地図**は、山にかこまれたところ
のようすです。次のうち、このふきん
のようすとして、正しいものには〇、
あやまっているものには×を書きま
しょう。

① (　　　) たてものや店は少なく、ほ
とんどは森林や緑地である。

② (　　　) 栃原川のそばの道がとぎれ
た先に、寺がある。

③ (　　　) 学校は1つもたてられていない。

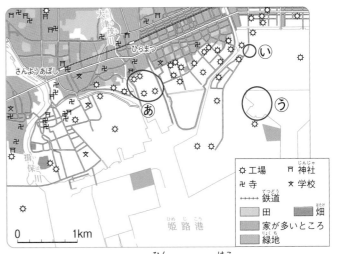

文 学校
卅 神社
卍 寺
× 交番
〒 ゆうびん局
‖ 田
∨ 畑
くだもの畑
家が多いところ
森林・緑地

富栖湖
安富ダム
安富町
栃原川
林田川
0　500m

あ

(2) 山でかこまれたところでさかんにおこなわれている、木を植えて育てたり、木
を切って材木にしたりする仕事を何といいますか。 (　　　　　　)

(3) **地図**中のあで作られているものを、次からえらびましょう。 (　　　)

⑦ 米　　⑦ だいこん　　⑦ ゆず　　⑨ 豚肉

2 海に近いところについて、次の問いに答えましょう。

(1) 右の**地図**は、海に近いところの
ようすです。次の①〜③の説明に
あてはまる場所を、**地図**中のあ〜
⑤からえらびましょう。

① (　　　) うめ立ててできたまっ
すぐな海岸線がある。

② (　　　) 工場が集まっている。

③ (　　　) トラックなどが入りや
すい広い道路がある。

⊛ 工場　卅 神社
卍 寺　× 学校
+++ 鉄道
田　畑
家が多いところ
緑地

大津茂川
ひらまつ
さんようあぼし
掲保川
姫路港
あ
い
う
0　1km

(2) 港があって、工場で使う原料や、工場でつくったせい品を船で運びやすい場所
を、**地図**中のあ〜⑤からえらびましょう。 (　　　　　　)

(3) 機械などの力を使って、原料をくらしにべんりなせい品につくりかえる仕事を
何といいますか。 (　　　　　　)

ポイント 山や海にかこまれた土地の使われ方を知る。

1 わたしたちの住んでいる 市のようす⑥

もくひょう・❤
家島諸島のそれぞれの島の特色を調べよう。

おわったら
シールを
はろう

きほんのワーク

教科書 34〜41ページ　答え 3ページ

1 まわりを海にかこまれているところ

✎ ( )にあてはまる言葉をあとの ◻ からえらび、地図を読み取りましょう。

よみトク! 地図 家島諸島の地図

姫路市の南に広がる①( )

● ②( )が住んでいる４つの島と、いくつもの無人島がある。

● 大きな池や川が少ないので、飲み水は③( )を使って赤穂市から送られてくる。

● 石を切り出して運ぶ仕事や、魚などをとったり育てたりする④( )をする人が多い。

● 漁業や移動にりようする⑤( )は、くらしにかかせない。

家島町　家島　男鹿島
西島
坊勢島

★学校　⛩神社　〒ゆうびん局
卍寺　×交番　⊞病院
畑　森林・緑地
家が多いところ
➡海底送水管の位置
0　500m

| 船 | 瀬戸内海 | 人 | 海底送水管 | 漁業 |

2 姫路市を地図にまとめる／姫路市のようすについて話し合う

✎ 土地りよう図の読み取り方について、( )にあてはまる言葉をあとの ◻ からえらびましょう。

● 土地の⑥( )の色分けと、土地の使われ方の⑦( )や色分けをたしかめる。

● 土地が高いところ・ひくいところの使われ方を見つける。

● おもな山のいちや⑧( )の流れ方を見つける。

● 道路や⑨( )が集まっているところを見つけ、それはなぜかを考える。

● 田や⑩( )が広がっているところを見つけ、それはなぜかを考える。

ガイドマップ
地いきのようすなどを、ほかの人につたえるために、白地図にかきあらわした案内地図のこと。

| 高さ | 川 | 鉄道 | 畑 | 記号 |

しゃかいか工場　家島諸島では、昔から石を切り出す産業があって、大きな港や空港をつくるのに役立てられたよ。今は、石を使う仕事がへったから、観光に力を入れているんだ。

勉強した日　月　日

できた数

／10問中

おわったら
シールを
はろう

練習のワーク

教科書 34〜41ページ　答え 3ページ

1 次のうち、右の家島諸島の地図のはんいで読み取れることとして、正しいものには○、あやまっているものには×を書きましょう。

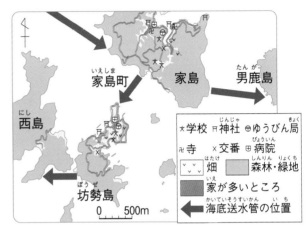

① (　　)家島諸島の島じまには、森林・緑地が多い。

② (　　)家島には畑が見られるが、坊勢島や西島に畑は見られない。

③ (　　)家島と坊勢島には「家が多いところ」が見られるが、西島にはそのようなところは見られない。

④ (　　)家島には学校があるが、坊勢島には学校がない。

⑤ (　　)海底送水管は、家島から坊勢島や男鹿島へつながっている。

2 次の問いに答えましょう。

(1) 左の地図を見て、右の地図の(　　)にあてはまる言葉をあとの[ ]からえらび、地図をまとめましょう。

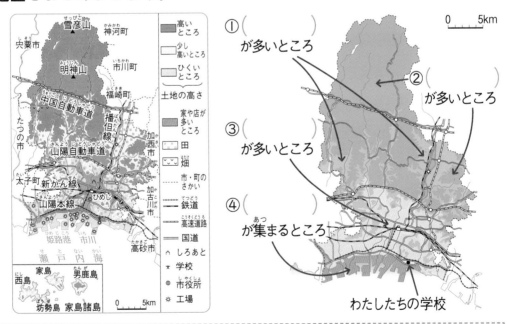

① (　　)が多いところ

② (　　)が多いところ

③ (　　)が多いところ

④ (　　)が集まるところ

わたしたちの学校

```
工場　　田や畑　　山　　家や店
```

(2) (1)の左の地図は、何といいますか。　(　　　　　　　　)

ポイント　土地りよう図は土地の使われ方がひと目でわかる。

15

勉強した日　月　日

とく点

おわったら
シールを
はろう

/100点

まとめのテスト

1　わたしたちの住んでいる　市のようす③〜⑥

1 姫路駅のまわりを調べる　次の地図は、姫路駅のまわりのようすです。あとの問いに答えましょう。

1つ5点〔35点〕

(1) **地図**中の①と②の場所にあてはまる説明を、次からえらびましょう。

①（　　　）②（　　　）

⑦　城や博物館・美じゅつ館などが集まっているが、家は多くない。

⑦　大きな緑地の公園になっていて、森林が広がっている。

⑨　大きなビルなどの高いたてものが多く、病院や交番が見られる。

⑤　家が多く、古い町なみものこっている。

(2) 姫路駅とそのまわりでりようできる交通として、あてはまるものには○、あてはまらないものには×を書きましょう。

①（　　　）鉄道　　②（　　　）タクシー　　③（　　　）バス　　④（　　　）船

(3) 姫路駅からあの方へ1500mほど進んだところに、市のしせつであるぼうさいセンターがあります。ぼうさいセンターについて、次の文の□□に共通してあてはまる言葉を書きましょう。　（　　　　　　　）

●□□についてのしりょうを見たり、□□を体けんしたりできる。

2 田や畑が多いところ　右の地図を見て、次の問いに答えましょう。　1つ5点〔10点〕

(1) **地図**中の田や畑はどのような土地に広がっているか、次からえらびましょう。　（　　　）

⑦　工場が多い土地　　⑦　山や森が多い土地

⑨　海にかこまれた土地　　⑤　平らな土地

(2) **地図**中のあは、どのような目的でつくられた池か、かんたんに書きましょう。

（　　　　　　　　　　　　　　　　　）

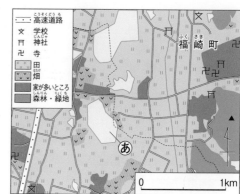

3 海に近いところ 右の地図は、姫路市の海に近いところのようすです。あとの問いに答えましょう。

1つ5点〔20点〕

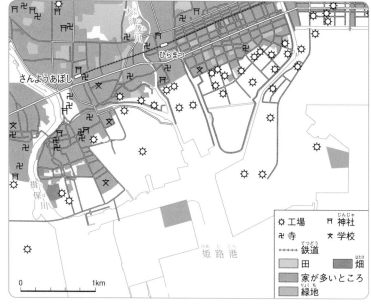

(1) 海の近くでもっとも多く見られるたてものは何ですか。

（　　　　　　　　）

(2) 地図中でまっすぐな海岸線が多く見られる理由を、かんたんに書きましょう。

（　　　　　　　　　　）

(3) 地図の地いきの工場が、原料を運びこんだり、せい品を運び出したりするときは、何を使うとべんりですか。正しいもの2つに○を書きましょう。

　⑦（　　　）ひこうき　　　⑦（　　　）トラック
　⑦（　　　）船　　　　　　⑦（　　　）ドローン

4 地図を読み取る 右の地図を見て、次の問いに答えましょう。

1つ5点〔35点〕

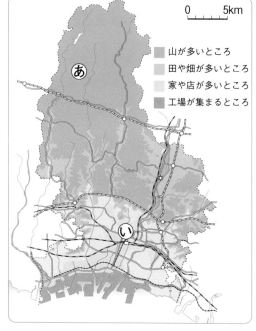

(1) この地図をもとに、人に案内するために市などのとくちょうをまとめた地図をつくろうと思います。これを何といいますか。

（　　　　　　　　）

(2) 地図中のあの土地の高さとして正しいものを、次からえらびましょう。　（　　　）

　⑦　いよりも土地の高さが高い。
　⑦　いと同じくらいの高さである。
　⑦　いよりも土地の高さがひくい。

(3) 姫路市のようすをまとめてわかったこととして正しいものには○、あやまっているものには×を書きましょう。

　①（　　　）どの土地でも、人びとのくらしはほとんどかわらなかった。
　②（　　　）自分が住む町とくらべると、ちがいを発見することがあった。
　③（　　　）土地の高さと土地の使われ方は、かんけいがなかった。
　④（　　　）山にある森林の木をりようして仕事をしている人びとがいた。
　⑤（　　　）姫路駅前など、交通の便がよいところには人が多く集まっていた。

もくひょう・
昔からあるものをのこす取り組みについて、たしかめよう。

おわったらシールをはろう

未来につなげる～わたしたちの SDGs～

きほんのワーク

教科書　42～43ページ　　答え　3ページ

1 　市に昔からのこるたてものや自然を未来に受けつぐために

✎ （　　）にあてはまる言葉をあとの　　からえらびましょう。

●今の奈良市にはおよそ1300年前、①（　　　　　　　　）

という都があり、さかえていた。

◆市内には、昔からのこる②（　　　　　　　　）や自然

があり、日本や外国から多くの③（　　　　　　　　）

がおとずれる。

●市民一人一人がにない手となって、文化財や自然を

④（　　　　　　　）にのこす活動をおこなっている。

観光客　　たてもの　　平城京　　未来

✎ （　　）にあてはまる言葉を　　からえらびましょう。

よみトク！SDGs 奈良市の文化財や自然

およそ1300年前につくられた
⑤（　　　　　　　　）である。

市の中心部に⑦（　　　　　　　）が
あり、人と野生の⑧（　　　　　　　）
がともにくらしてきた。

今まで2回の⑥（　　　　　　　）にあっ
たが、人びとの協力でたて直された。

昔の⑨（　　　　　　　）がのこされ
た春日山原始林が広がっている。

●市では、観光を⑩（　　　　　　　）の目標とかかわらせて、文化財や自然を
未来にのこす取り組みをつたえている。

火事　　東大寺　　SDGs　　シカ　　自然　　奈良公園

しゃかいか工場　東大寺など奈良市の5つの古いお寺や春日山原始林は、1998年に「古都奈良の文化財」として世界文化いさんに登録されたんだよ。

練習のワーク

勉強した日▶　　月　　日

できた数

／9問中

おわったら
シールを
はろう

教科書　42〜43ページ　答え　3ページ

1 次の問いに答えましょう。

(1) 右の**地図**中の　　　　にあてはまる市の名前を書きましょう。　　　　　　　（　　　　　　）

(2) (1)について、正しいものには〇、あやまっているものには×を書きましょう。

　①（　　　）今からおよそ100年前に都があり、とてもさかえた。

　②（　　　）日本国内だけでなく、外国からも多くの観光客がおとずれる。

　③（　　　）昔の自然はのこされているが、昔からのたてものはのこっていない。

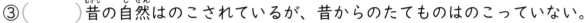
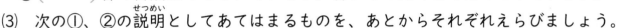

(3) 次の①、②の説明としてあてはまるものを、あとからそれぞれえらびましょう。

①（　　　）　②（　　　）

①

②

　⑦　今までに火事で2回大きなひがいを受けたが、人びとの協力でたて直された。

　⑦　シカが人とともにくらしており、昔の自然がのこされた林もある。

2 次の説明とつながりがある奈良市の取り組みを、あとからそれぞれえらびましょう。

①（　　　）SDGsの目標9をふまえながら、新しい観光地をつくっている。

②（　　　）SDGsの目標11をふまえながら、文化財をしゅうりし、ほぞんしている。

③（　　　）SDGsの目標15をふまえながら、原始林や野生動物をほごしている。

　⑦　市内の寺などにある、昔のきちょうなたてものがひがいにあったときに、人びとが協力してもとどおりにする取り組みを助けている。

　⑦　奈良公園のシカや、昔の自然がのこされた林がなくならないようにしている。

　⑨　市の人たちが文化財や自然をどのように守り、未来につたえようとしてきたかを、市の外からおとずれた人に知ってもらう機会をつくっている。

ポイント 昔からあるものを、未来につたえる活動をおこなっている。

19

読み取る

きほんのワーク

もくひょう
絵グラフの読み方やかき方をおぼえよう。

おわったら
シールを
はろう

教科書 33、77、97、113ページ 　答え 3ページ

① 絵グラフの読み方・かき方

🖊️ （　）にあてはまる言葉をあとの◻️からえらびましょう。

●姫路市で、もっとも数が多い工場は
①（　　　　　　　　）の工場である。

●工場の数が100をこえているのは、
機械・金ぞくと②（　　　　　　　）
の３つである。

●グラフ中で、もっとも数が少ないの
は③（　　　　　　）の工場である。

●姫路市にある工場の数は、500より
も④（　　　　　　　）。

●化学とプラスチックの工場の数の合計は、食りょう品の工場の数よりも
⑤（　　　　　　）。

姫路市にある工場の数

276 🔩
211 🔩
125 🔩
54 🔩
42 🔩
38 🔩
33 🔩

（2019年）
🔩…50の工場の集まり

機械　金ぞく　食りょう品　いんさつ　かわせい品　化学　プラスチック
（2020年工業統計表）

多い　　少ない　　プラスチック　　機械　　食りょう品

🖊️ （　）にあてはまる言葉や数字をあとの◻️からえらびましょう。

よみトク！しりょう　　**３年１組の買い物調べ**

●日用品をもっとも多く買った店は、
⑥（　　　　　　　）である。

●「そのほか」をのぞくと、電気
せい品を買った人がいるのは
⑦（　　　　　　　）である。

●スーパーマーケットはせんも
ん店よりも、食りょう品を買っ
た人が⑧（　　　　　　）人
多く、日用品を買った人が⑨（　　　　　　　　）人多い。

スーパーマーケット	●●●●●●●●●●●●●●●●●●●●●●●● ●●●●●●● 46　◆◆◆◆◆◆◆◆◆◆◆◆◆◆◆◆◆◆◆◆20　▼▼▼▼▼ 5　▲▲▲▲▲▲▲▲▲▲▲▲12
コンビニエンスストア	●●●● 4　◆◆ 2
せんもん店	●●● 3　◆ 1　■ 1
ショッピングモール	●●●● 4　◆◆ 2　▲ 1
そのほか（インターネットなど）	●●● 3　▼▼▼ 3　■■ 2　◆ 1

（品物のしゅるい）　●食りょう品　◆日用品　▼いるい　■電気せい品　▲そのほか
※しるしの数は、それぞれの店で買い物をした人数をあらわしている。

せんもん店　　スーパーマーケット　　43　　19

しゃかいか工場 ２つ以上のことがらをくらべたり、へんかをあらわしたりしたものをグラフというよ。グラフにはぼうグラフ、おれ線グラフ、円グラフなどがあるよ。

練習のワーク

勉強した日 ▶　　月　　日

できた数
／9問中

おわったら
シールを
はろう

1 次の表は、湖南広いき消ぼう局の4つの市での、火事のおもなげんいんをまとめたものです。また、右のグラフは、この表をもとにしてしめしたものです。記入されている「放火」にならって、ほかの火事のげんいんの発生件数を絵グラフでしめしましょう。

火事のげんいん	件数
放火	12
たき火	9
電気機器	6
たばこ	4
こんろ	4
てんぷら油	2

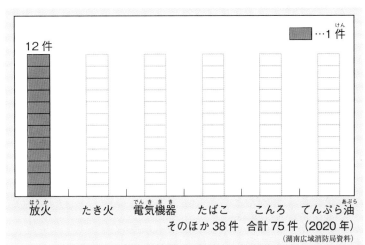

そのほか38件　合計75件（2020年）
（湖南広域消防局資料）

2 次の表は、府中市でおこった交通事故の件数をまとめたものです。また、右のグラフは、この表をもとにしてしめしたものです。記入されている2016年にならって、それ以外の年の交通事故の件数を絵グラフでしめしましょう。

年	件数
2016	409
2017	416
2018	388
2019	315
2020	285

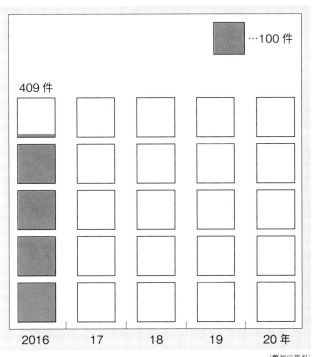

（警視庁資料）

ポイント　グラフのかき方をおさえておく。

地図記号特集

もくひょう

地図記号をしっかりおぼえよう。

おわったら
シールを
はろう

教科書 21〜24、26、28、30、32、34、37、159ページ　答え **4ページ**

---

1 地図記号をおぼえよう

✏️ 次の地図記号をなぞりましょう。また、（　）にあてはまる言葉をあとの　　からえらびましょう。

記号	文	✕	Ⴤ	🏛
意味	①（　　　）	②（　　　）	③（　　　）	博物館・美じゅつ館
もとになったもの	漢字の「文」という文字の形	2本のけいぼうが交わった形	昔の消ぼう用の道具の形	たてものの形
記号	📖	‖	∨	▭▭▭
意味	④（　　　）	⑤（　　　）	⑥（　　　）	⑦（　　　）
もとになったもの	本を開いた形	かりとったあとの、いねの切りかぶの形	植物の芽の葉の形	線路の形
記号	卍	☼	开	☼
意味	⑧（　　　）	⑨（　　　）	⑩（　　　）	発電所・変電所
もとになったもの	仏教でよろこびをあらわす記号	工場の機械に使われる歯車の形	入り口にあるとりいの形	歯車の形と電線のイメージ

図書館　田　交番　工場　消ぼうしょ　寺
鉄道　畑　学校　神社

しゃかいか工場 🚚 地図記号は、国土地理院というところで決められているよ。国土地理院では、日本の正かくな地図をつくっているんだ。

練習のワーク

教科書 21〜24、26、28、30、32、34、37、159ページ 答え 4ページ

1 次の地図記号は何をしめしていますか。( )に意味を書きましょう。

① ( )

② ( )

③ ( )

④ ( )

2 次の写真にあてはまる地図記号を、□にかきましょう。

ゆうびん局

神社

3 わたしたちの学校のまわりの地図を見て、次の問いに答えましょう。

(1) 次の地図記号を、**地図中の⑦〜⑨**からえらびましょう。

① ( )工場
② ( )病院
③ ( )寺

(2) 次のうち、○×駅にもっとも近いたてもの1つに○を書きましょう。

⑦ ( )ゆうびん局
① ( )消ぼうしょ
⑨ ( )けいさつしょ
エ ( )交番

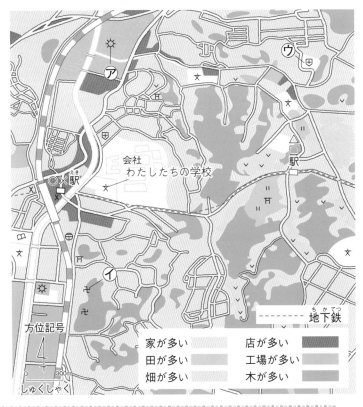

ポイント 地図記号の形は、じっさいのものの形がもとになっていることが多い。

23

まとめのテスト

地図記号特集

とく点

/100点

おわったら
シールを
はろう

教科書 21～24、26、28、30、32、34、37、159ページ　答え　4ページ　時間 20分

1 地図記号を使った地図 **次の問いに答えましょう。**

1つ5点〔15点〕

(1) 地図記号がかかれていることが多い、次の地図の名前を書きましょう。

（　　　　　　　）

● 土地の高いところやひくいところ、家や店が集まっているところなどを色分け
してしめす地図。

(2) 右の**しりょう**は地図で見られる方位をしめす記号です。①、
②にあてはまる方位の組み合わせを、次からえらびましょう。

（　　　　　　）

　⑦　①－東、②－北　　④　①－北、②－西
　⑦　①－北、②－東　　⑤　①－南、②－西

(3) 地図記号を使った地図のつくり方として、あやまっているもの1つに×を書き
ましょう。

⑦（　　　）地図内で同じ地図記号は何度も使わないようにする。
④（　　　）地図帳などで地図記号の決まりをかくにんする。
⑦（　　　）たてものや土地りようのようすを地図記号でしめす。
⑤（　　　）じっさいのきょりがわかる、めもりがついたものさしをかきこむ。

2 地図記号を使った地図 **次の①～⑥は、地図記号とその地図記号のもととなっ
たものについて書いたものです。地図記号がしめすものをそれぞれ書きましょう。**

1つ5点〔30点〕

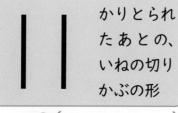

| かりとられ
たあとの、
いねの切り
かぶの形 |

①（　　　　　　　　）

歯車の形

②（　　　　　　　　）

火を消すた
めの昔の道
具の形

③（　　　　　　　　）

昔のしろの
工事のとき
のなわばり
の形

④（　　　　　　　　）

目立つ二重
丸で、市の
仕事の中心
をしめした

⑤（　　　　　　　　）

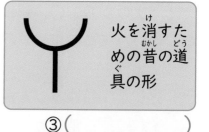

交わらせた
2本のけい
ぼうの形

⑥（　　　　　　　　）

絵地図

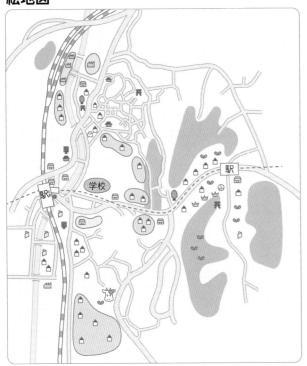

地図

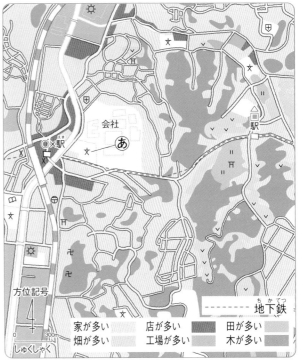

(1) 次の①～⑥のたてものをしめした地図記号を、右上の**地図**中からえらんでかきましょう。

① 病院（びょういん）　〔　　　〕　　② 学校　〔　　　〕　　③ 寺　〔　　　〕

④ 神社（じんじゃ）　〔　　　〕　　⑤ ゆうびん局（きょく）　〔　　　〕　　⑥ 畑（はたけ）　〔　　　〕

(2) 左上の**絵地図**と右上の**地図**をくらべて、次の文の（　　　）にあてはまる言葉（ことば）をあとの ____ からえらびましょう。

① 右の**地図**は、それぞれの記号が（　　　　　　　）見やすい。

② 右の**地図**の方が、左の**絵地図**よりも、たてものや（　　　　　　）のようすをわかりやすくあらわしている。

> こまかくて　　かんたんで　　土地　　道具（どうぐ）

(3) 右上の**地図**で、次の①、②は、**あ**から見てどの方位（ほうい）のようすですか。４方位で書きましょう。

① 神社のまわりに田がある。　　　　　　　　　　　　（　　　　　　　）

② 線路（せんろ）にそってお寺がある。　　　　　　　（　　　　　　　）

(4) 右上の**地図**中に、学校はいくつありますか。

（　　　つ）

2 わたしたちのくらしとまちではたらく人びと

1 工場ではたらく人びとの仕事①

もくひょう
さまざまな仕事があることをたしかめよう。

おわったらシールをはろう

きほんのワーク

教科書 44〜49ページ　答え 4ページ

1 わたしたちの市でつくられているもの

✐ （　）にあてはまる言葉を　　からえらびましょう。

●海の近くには鉄などの①（　　　　　　　）せい品をつくる工場が多い。

●②（　　　　　　　）ところには、かまぼこやおかし、酒などをつくる③（　　　　　　　）の工場が多い。

◆④（　　　　　　　）では、姫路の名物である姫路おでんやアメリカンドッグ風かまぼこもつくられる。

◆かまぼこは市内の⑤（　　　　　　　）やせんもん店で売られている。

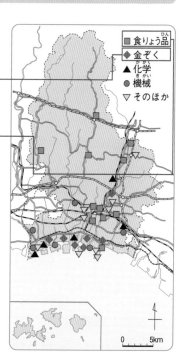

```
スーパーマーケット    食りょう品
金ぞく    かまぼこ工場    海からはなれた
```

2 かまぼこづくりの調べ方を話し合う

✐ （　）にあてはまる言葉をあとの　　からえらびましょう。

よみトク！　しりょう　かまぼこのふくろや工場のようす

●魚肉が⑥（　　　　　　　）にふくまれている。
●工場の⑦（　　　　　　　）が書かれている。

●工場の中には、さまざまな⑧（　　　　　　　）がある。
●工場の前には、⑨（　　　　　　　）が何台もとまっている。

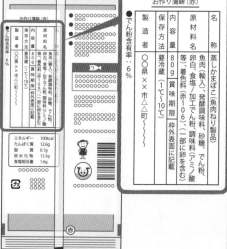

```
トラック    部屋    住所    原材料
```

26 しゃかいか工場　姫路おでんは、しょうがが入ったしょうゆにつけて食べるおでんだよ。さっぱりした味なので、ふつうのおでんとちがって夏に食べる人も多いんだ。

練習のワーク

教科書 44〜49ページ　答え 5ページ

1 右の地図は、姫路市内にあるおもな工場をしめした
ものです。次の問いに答えましょう。

(1) 次の①〜③をつくる工場のしゅるいを、**地図**中の
記号で答えましょう。

① (　　　) かまぼこ　　② (　　　) プラスチック
③ (　　　) 電気器具

(2) **地図**について説明した文として正しいものには○、
あやまっているものには×を書きましょう。

① (　　　) 化学工場は海ぞいにしかない。
② (　　　) 食りょう品をつくる工場は、鉄道や道路
ぞいに多く見られる。
③ (　　　) 工場は山などが多い北部よりも、平地が
広がる南部に多い。

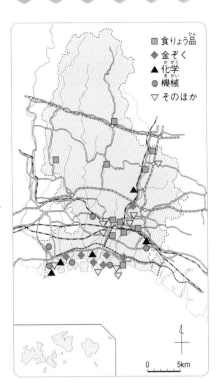

2 次の問いに答えましょう。

(1) 右の**しりょう**はかまぼこのふくろです。この
しりょうからわかることを、次からえらびま
しょう。　　　　　　　　　　　　　　　(　　　)

㋐　かまぼこの原材料
㋑　かまぼこ工場のたてものの中のようす
㋒　かまぼこの売られている場所
㋓　かまぼこの1日につくられているりょう

(2) 次の工場見学の計画について、見学して調べ
ることには○、インタビューして調べることに
は△を書きましょう。

① (　　　) かまぼこは何という魚を使ってつくられているか。
② (　　　) 工場のたてものの中におかれている機械のようす。
③ (　　　) はたらく人がどんなことに気をつけて仕事をしているか。
④ (　　　) 工場の中ではたらいている人の服そうのようす。
⑤ (　　　) できあがったかまぼこがどんな場所へ運ばれていくのか。

ポイント 工場のしゅるいや立地の特ちょうを見くらべる。

27

1 工場ではたらく人びとの仕事②

もくひょう
かまぼこのできかたや
はたらく人のようすを
たしかめよう。

おわったら
シールを
はろう

きほんのワーク

| 教科書 | 50〜53ページ | 答え | 5ページ |

---

1 かまぼこができるまで

かまぼこができるまでの工場の仕事(しごと)について、（　　）にあてはまる言葉(ことば)をあとの
□□からえらびましょう。

よみトク！ しりょう　　かまぼこができるまで

原料(げんりょう)の①（　　　　　）がとどく。
→ 調味料(ちょうみりょう)で②（　　　　　）し、ねりあげる。
→ かまぼこの③（　　　　　）にととのえる。
→ やく、むすなど④（　　　　　）をくわえる。
↓
ひやしたあと、まざりものがないか⑤（　　　　　）する。
← できあがったかまぼこを⑥（　　　　　）し、箱(はこ)につめる。
← トラックでせい品(ひん)を⑦（　　　　　）する。

| 味(あじ)つけ　けんさ　すり身(み)　ほうそう　形　ねつ　出荷(しゅっか) |

---

2 はたらく人のようす

工場の取(と)り組みについて、（　　）にあてはまる言葉をあとの□□からえらびましょう。

● よごれがすぐにわかるように、⑧（　　　　　　　　）を着(き)る。

● ぼうしやマスクを身につけ、⑨（　　　　　　　　）に気を配(くば)っている。

● 強い風で⑩（　　　　　　）をとばしている。

● せんようの⑪（　　　　　　）で、手をていねいにあらっている。

● 作業(さぎょう)中には⑫（　　　　　　）をつけて、ちょくせつせい品をさわらない。

えいせい
けんこうを守(まも)るために、人やもののせいけつさをたもつこと。

| 白い服(ふく)　手ぶくろ　ブラシ　えいせい　ほこり |

しゃかいか工場　姫路市(ひめじ)でかまぼこづくりがさかんなのは、瀬戸内海(せとないかい)に近くて、しんせんな魚が手に入りやすかったからだよ。ほかにも、魚などを使った「つくだに」も有名(ゆうめい)なんだ。

練習のワーク

勉強した日 ▶ 　月　日

できた数

／11問中

おわったら
シールを
はろう

教科書　50～53ページ　答え　5ページ

1 次の問いに答えましょう。

(1) かまぼこができるまでのようすについてえがいた次の**絵**について、正しく説明しているものをあとからえらびましょう。

① 原料がとどく

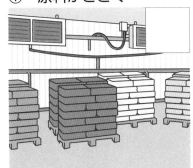

② 形をととのえる

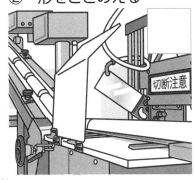

③ けんさする

㋐ ねったすり身を、機械でかまぼこの形にしていく。

㋑ すり身は、魚のしゅるいごとに、それぞれちがう色でほうそうされている。

㋒ ひやしたあと、まざりものがないか、たしかめる。

(2) 工場見学のしかたについて、次のうち正しいものには○、あやまっているものには×を書きましょう。

①（　　）見学の計画で見ることや聞くことをかくにんしておく。

②（　　）時間がかかってもよいので、言葉や絵でくわしくメモをする。

③（　　）写真は工場の人にきょかをいただいてからとる。

2 かまぼこ工場ではたらく人のようすについて、次の問いに答えましょう。

(1) 右の**絵**にあてはまる説明を次からえらびましょう。（　　　）

㋐ 体調を調べ、チェック表に書きこんでいる。

㋑ 強い風でほこりを落としている。

㋒ せんようのブラシを使って手をあらっている。

(2) 次のうち、かまぼこ工場のようすとして正しいものには○、あやまっているものには×を書きましょう。

①（　　）作業をする人は、よごれがわかりやすいように白い服を着ている。

②（　　）新しいせい品をつくるかどうかは、工場長が一人で決めている。

③（　　）新しいせい品は、まず工場でためしにつくっている。

④（　　）工場では1しゅるいのかまぼこのみつくっている。

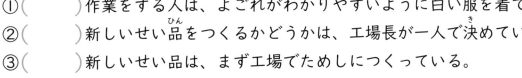

ポイント　かまぼこは機械と人がともに仕事をしてつくられる。

1 工場ではたらく人びとの仕事③

もくひょう
かまぼこ工場の場所や
かまぼこが出荷される
場所をたしかめよう。

おわったら
シールを
はろう

きほんのワーク

教科書 54〜59ページ ┃ 答え 5ページ

1 山の中にあるかまぼこ工場

✎ （ ）にあてはまる言葉をあとの ▢ からえらびましょう。

● 70年ほど前の工場は、原料の魚がとれる①（ 　　　　　）
の近くにあった。

◆ 今の工場は、広い土地や、きれいな②（ 　　　　　　）が
手に入る、山の中にある。

◆ 高速道路の入り口の近くにあるので、③（ 　　　　　　）
で原料を運び入れたり、せい品を出荷したりしている。

SDGs ● まわりの④（ 　　　　　　）を守るため、工場から出るよ
ごれた水や空気は、⑤（ 　　　　　　）にしてから外に出
すようにしている。

つながるSDGs

工場からは、多くのご
みやよごれた水、空気
が出るので、かんきょ
うをきずつけない取り
組みがたいせつです。

| 海 | トラック | 地下水 | かんきょう | きれい |

2 かまぼこはどこへ／かまぼこのよさを知らせる

✎ （ ）にあてはまる言葉をあとの ▢ からえらびましょう。

よみトク！ しりょう かまぼこ工場でつくられたせい品の出荷先

● 工場でつくられたかまぼこ
は、⑥（ 　　　　　）や
せんもん店で売られる。

● かまぼこはトラックなどに
のせて⑦（ 　　　　　）
を使って市外へも運ばれる。

かまぼこが出荷されているところ
かまぼこが出荷されていないところ
（2020年）
かまぼこ工場
0 　 400km

● 工場のせい品の中には、⑧（ 　　　　　　）に出荷されるものもある。

| 高速道路 | スーパーマーケット | 外国 |

しゃかいか工場 手をしょうどくしなければ、作業場に入るためのドアが開かないような工場もあるよ。食品をあつかう工場では、せいけつさをたもつためにさまざまなくふうをしているんだね。

練習のワーク

できた数

／10問中

おわったら
シールを
はろう

教科書　54〜59ページ　答え　5ページ

1 次の問いに答えましょう。

(1) 今のかまぼこ工場の場所やかまぼこの行き先について、①〜③にあてはまる言葉をそれぞれ書きましょう。

①（　　　　　　　　）②（　　　　　　　）③（　　　　　　　　）

昔はかまぼこの原料である（　①　）がとれる海の近くにありましたが、今はきれいな水や広い（　②　）が手に入る山の中にあります。工場の近くには（　③　）の入り口があるので、原料を運び入れたり、せい品を出荷したりするのにべんりです。

(2) 次のうち、右のせつびについて正しく説明しているもの2つに〇を書きましょう。

㋐（　　　）かまぼこのけんさをしている。

㋑（　　　）よごれた水をきれいにしている。

㋒（　　　）まわりのかんきょうを守っている。

㋓（　　　）つくったかまぼこをほかんしている。

2 かまぼこ工場から出荷されたせい品がわたしたちの家にとどくまでについて、次の問いに答えましょう。

(1) 姫路市の工場でつくられたかまぼこは、姫路市に住むわたしたちのもとにとどくまでにどんなところに運ばれますか。次から2つえらびましょう。

㋐　駅の中のせんもん店　　　㋑　交番　　　　　　　　（　　　）（　　　）

㋒　スーパーマーケット　　　㋓　図書館

(2) 工場のせい品が出荷されている国のうち、右の**地図中の**①〜③にあてはまる国を、次からそれぞれえらびましょう。

①（　　　）②（　　　）③（　　　）

㋐　中華人民共和国（中国）

㋑　オーストラリア

㋒　アメリカ合衆国（アメリカ）

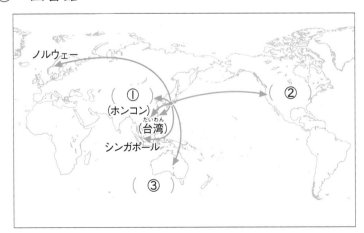

ポイント かまぼこ工場はまわりのかんきょうにも気を配っている。

まとめのテスト

1　工場ではたらく人びとの仕事

とく点

／100点

教科書　44〜59ページ　答え　5ページ

時間 20分

1　**工場見学のためのじゅんび**　メモを見て、次の問いに答えましょう。1つ5点〔25点〕

計画メモ

● （ あ ）すること
◆ 工場の中のようす。
◆ はたらいている人の（ ① ）。
◆ （ ② ）につくられるせい品のりょう。

● （ い ）すること
◆ かまぼこの（ ③ ）はどこから送られてくるか。
◆ どんなことに気をつけているか。
◆ （ ④ ）はどのようにして運ばれるのか。

(1)　あ、いには「見学」「インタビュー」のどちらかがあてはまります。いにあてはまるのはどちらですか。　（　　　　　　）

(2)　①〜④にあてはまる言葉を次からえらびましょう。

①（　　　）　②（　　　）　③（　　　）　④（　　　）

⑦　1日　　④　せい品　　⑨　服そう　　⑤　原料

2　**かまぼこができるまで**　次のしりょうは、かまぼこが出荷されるまでのようすです。あとの問いに答えましょう。

1つ5点〔30点〕

| ①原料がとどく | → | 味つけをする | → | ②形をととのえる | → | ③ねつをくわえる | → | ④けんさする | → | ⑤ひやす・する | → | ほうそうする | → | 出荷する |

(1)　上の**図**の①〜④にあてはまるようすを、右の**絵**からえらびましょう。　①（　　　）②（　　　）
③（　　　）④（　　　）

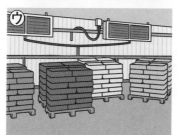
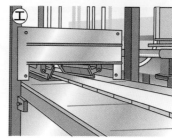

(2)　①、②について説明した次の文の{　　}の言葉の正しいほうに〇を書きましょう。

①　外国でつくられた原料のすり身は{ れいとうされて　生のまま }送られてくる。

②　いちどにたくさんのかまぼこをつくるため{ 一つ一つ手づくりで　機械と人の力の両方で }かまぼこをつくる。

3 はたらく人のようす　次の問いに答えましょう。　　　1つ5点〔25点〕

(1)　右の**絵**を見て、かまぼこ工場で作業をする人が身につけて
　　いるものとして正しいものを、次から4つえらびましょう。

　　　　　　　　（　　　）（　　　）（　　　）（　　　）

　　　⑦　めがね　　　④　ぼうし　　　⑦　サンダル　　　①　マスク
　　　⑦　ゴムの手ぶくろ　　　⑦　白いくつ　　　⑦　ヘルメット

(2)　次のうち、工場ではたらく人のようすについて、あやまっ
　　ているもの1つに×を書きましょう。

　⑦（　　　）はたらく人は、せん用の白い服を着ている。

　④（　　　）はたらく人は、えいせいに気をつけて、せいけつに作業することに力
　　　　　　を入れている。

　⑦（　　　）服そうはだいじだが、はたらく人の体調は気にしなくてよい。

4　かまぼこ工場の場所　右の地図は、工場の場所のうつりかわりをしめしています。
次の問いに答えましょう。　　　1つ5点〔20点〕

思考

(1)　次のうち、あやまっているもの1つに×を書きま
　　しょう。

　⑦（　　　）70年ほど前にくらべると、今の工場は海に
　　　　　　近づいている。

　④（　　　）60年ほど前の工場は、鉄道の駅の近くに
　　　　　　あった。

　⑦（　　　）漁港の近くに工場があったと考えられるの
　　　　　　は、70年ほど前の工場である。

(2)　今のかまぼこ工場の場所のほうが、原料を手に入れた
　　りせい品を出荷したりするのにべんりなのはなぜですか。
　　①、②にあてはまる言葉をあとからえらびましょう。

　　　　　　　　　　　①（　　　）　②（　　　）

　●原料のすり身は工場まで（　①　）で運び入れられ、できあがったせい品も工場か
　　ら（　①　）で出荷される。このとき、工場が（　②　）の入り口の近くにあると、原
　　料やせい品を運びやすいから。

　⑦　船　　④　トラック　　⑦　飛行機
　①　高速道路　　⑦　川　　⑦　空港

記述

(3)　今のかまぼこ工場では、よごれた水や空気をきれいにしてから外に出していま
　　す。この取り組みをおこなっている理由をかんたんに書きましょう。

　（　　　　　　　　　　　　　　　　　　　　　　　　　　　　　　　　　　　　）

2 わたしたちのくらしとまちではたらく人びと

1 畑ではたらく人びとの仕事①

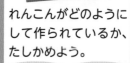

勉強した日 ▶ 月 日

もくひょう
れんこんがどのように
して作られているか、
たしかめよう。

おわったら
シールを
はろう

きほんのワーク

教科書 60〜67ページ 答え 6ページ

---

1 わたしたちの市で作られているもの／れんこん作りの調べ方を話し合う

✎ （ ）にあてはまる言葉をあとの□□からえらびましょう。

●市ではさまざまな①（ ）が作られて
いる。

◆れんこんは②（ ）の方で作られて
いる。

●「③（ ）の日」には、市内でとれた
野菜を使って④（ ）をつくる。

◆地元でとれた野菜を地元で消費することを、
⑤（ ）という。

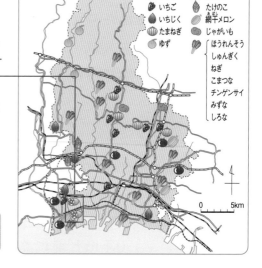

ち さん ち しょう 地産地消	しょくいく 食育	のうさくぶつ 農作物	南	きゅうしょく 給食

---

2 れんこん作りの仕事を見学する／れんこん作りのくふう

✎ （ ）にあてはまる言葉をあとの□□からえらびましょう。

よみトク！ しりょう れんこん作りの仕事（しごと）

2月〜4月 ひりょうをまき、 ⑥（ ） で土をたがやす。	4月〜5月 たねれんこんの ⑦（ ） をする。	5月〜6月 ポンプを使って ⑧（ ） をまく。	8月〜4月 れんこんの ⑨（ ） をする。

しゅうかく	トラクター	う 植えつけ	のうやく 農薬

---

34 しゃかいか工場 ある地いきでしかさいばいされていない、地いきのとくべつな野菜（やさい）のことを「伝統野菜（でんとう）」
とよぶよ。網干メロン（あぼし）や姫路若菜（ひめじわかな）などが、姫路市の伝統野菜だよ。

練習のワーク

勉強した日 ▶ 月   日

できた数
／11問中

おわったら
シールを
はろう

教科書 60～67ページ ┃ 答え 6ページ

1 次の問いに答えましょう。

(1) 右の**しりょう**あを見て、次の文の（　）にあてはまる言葉を書きましょう。

● 姫路市の市場に入荷する農作物でもっとも多いのは、（　　　　　　）である。

しりょうあ

市場に入荷した市内産の農作物のりょう

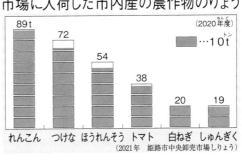

89t　72　54　38　20　19

（2020年度）
□…10t

れんこん つけな ほうれんそう トマト 白ねぎ しゅんぎく
（2021年 姫路市中央卸売市場しりょう）

しりょうい

(2) 右の**しりょう**いを見て、次の文の（　）にあてはまる言葉を書きましょう。

● れんこん作りをする人の服そうは、①（　　　　　　　　　）とつながっており、手には長い②（　　　　　　　　）をしていることがわかる。

(3) れんこん作りの見学の計画について、見学して調べることには○、インタビューして調べることには△を書きましょう。

① （　　）れんこん畑や、畑のまわりのようす。
② （　　）農家の人は作業をするときどのようなことに気をつけているか。
③ （　　）作ったれんこんはどこへ、どのようにして運ばれるか。

2 れんこん作りの作業について、次の問いに答えましょう。

(1) 右のあ～えは、次のれんこん作りのどの作業ですか。あてはまる記号をえらびましょう。

① （　　）土づくり
② （　　）植えつけ
③ （　　）農薬などをまく
④ （　　）しゅうかく

あ
い
う
え

(2) れんこん作りのくふうについて、正しいもの１つに○を書きましょう。

㋐ （　　）れんこんをたくさんしゅうかくできるようにするために、たねれんこんは、かんかくをつめて植えている。
㋑ （　　）雑草をとるためにカモをはなっている。
㋒ （　　）畑によって植えるたねれんこんのしゅるいをかえて、長くしゅうかくできるようにしている。

ポイント れんこん作りにはさまざまな仕事がある。

1　畑ではたらく人びとの仕事②

もくひょう☆
れんこん作りのさかんな地いきや出荷先をたしかめよう。

おわったらシールをはろう

きほんのワーク

教科書 68〜73ページ　　答え 6ページ

1 　れんこん作りのさかんな大津区

✎　（　　）にあてはまる言葉をあとの◻️からえらび、れんこん作りのさかんな地いきについてまとめましょう。

● 大津区（おおつく）のほとんどは、もとは海だった①（　　　　　　　）であり、②（　　　　　　　）が、れんこん作りにてきしていた。

● れんこんは、あたたかく③（　　　　　　　）がよく当たり、多くの④（　　　　　　　）がえられる場所（ばしょ）で作られる。

◻️ 　水　　かんたく地　　日光　　土地のようす

かんたく

海の中にていぼうをつくり、海水を出して土地をつくる。

うめたて

海水を外に出しながら、土でうめて土地をつくる。

2 　れんこんはどこへ／れんこんのよさを知らせる

✎　（　　）にあてはまる言葉をあとの◻️からえらび、れんこんのゆくえについてまとめましょう。

よみトク！　図　れんこんのゆくえ

れんこんを水であらう
↓
パックづめ、箱（はこ）づめ

⑤（　　　　　　　）　→　⑥（　　　　　　　）

⑦（　　　　　　　）　→　わたしたちの家

● しゅうかくしたれんこんは、あらいながら形をととのえて、⑧（　　　　　　　）があるものは取（と）りのぞく。

● 直売所（ちょくばいしょ）へは、⑨（　　　　　　　）に小分けしてつめ、トラックで運（はこ）ばれる。

● ⑩（　　　　　　　）で全国（ぜんこく）に送（おく）られるものもある。

おろし売り市場
農家（のうか）などから仕入（しい）れた品物（しなもの）を、やお屋（や）などの店に売（う）るところ。

◻️ 　きず　　真空（しんくう）パック　　おろし売り市場（しじょう）　　スーパーマーケット　　直売所　　インターネットはん売

しゃかいか工場　大きなスーパーマーケットなどでは、農家からちょくせつ野菜（やさい）やくだものを仕入れているところもあるんだよ。

練習のワーク

教科書 68〜73ページ 　答え 6ページ

1 れんこんが作られている土地について、次の問いに答えましょう。

(1) 海や湖であった場所を陸にする方法について、右の**しりょう**の①、②にあてはまる言葉を書きましょう。

①（　　　　　　）
②（　　　　　　）

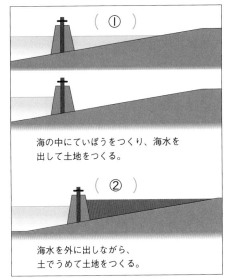

（　①　）

海の中にていぼうをつくり、海水を出して土地をつくる。

（　②　）

海水を外に出しながら、土でうめて土地をつくる。

(2) れんこん作りに合った土地のようす2つに〇を書きましょう。

　㋐（　　）山がちな土地
　㋑（　　）水を手に入れやすい土地
　㋒（　　）すずしい土地
　㋓（　　）日当たりのよい土地

2 次の図は、れんこんがしゅうかくされてから、わたしたちのところにとどくまでのようすです。あとの問いに答えましょう。

農家 ➡ おろし売り市場 ➡ スーパーマーケット ➡ わたしたちの家

(1) おろし売り市場とは何ですか。正しいもの1つに〇を書きましょう。

　㋐（　　）農作物などをお客さんに安いねだんで売る場所。
　㋑（　　）農作物などをやお屋やスーパーマーケットに売る場所。
　㋒（　　）農作物などを集めてほぞんしておく場所。

(2) 上の**図**の□□にあてはまる場所を書きましょう。（　　　　　　）

(3) 上の**図**で農家から農作物を運ぶときにおこなわれることについて、次のうち正しいものには〇、あやまっているものには×を書きましょう。

　①（　　）れんこんは、真空パックに小分けしてつめる前に水であらう。
　②（　　）おろし売り市場へ出荷するれんこんは、あらわずに出荷する。
　③（　　）給食に使われるれんこんは、スーパーマーケットから運ばれる。
　④（　　）姫路市で作られた農作物は「姫そだち」という名前がつけられる。

(4) 農作物は、農家からおろし売り市場や直売所へ何を使って運ばれますか。

（　　　　　　）

ポイント **姫路市のれんこんは全国に送られている。**

まとめのテスト

1　畑ではたらく人びとの仕事

とく点

/100点

おわったら
シールを
はろう

時間
20分

1 ［ わたしたちの市で作られているもの ］ 右の
「姫路市（ひめじし）のおもな農作物（のうさくぶつ）」のしりょうから読み取（と）
れることとして、次（つぎ）のうち、あてはまるもの１つ
に○を書きましょう。　　　　　　　　　　1つ5点〔5点〕

⑦（　　　）ゆずは鉄道（てつどう）の近くで作られている。

⑦（　　　）れんこんは海の近くで作られている。

⑦（　　　）メロンは東の方だけで作られている。

⑦（　　　）いちごは市の中央（ちゅうおう）のみで作られている。

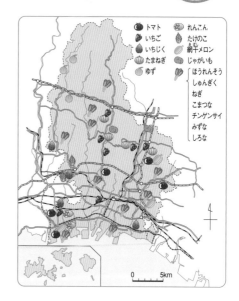

2 ［ れんこん作りの1年 ］ 次の問いに答（と）えましょう。　　　1つ5点〔45点〕

(1)　れんこん作りについて、次の①〜④の時期（じき）
におこなう作業（さぎょう）を右の「おもな作業のようす」
からそれぞれえらびましょう。

　①（　　　）2月から4月にかけて。

　②（　　　）4月から5月にかけて。

　③（　　　）5月から6月にかけて。

　④（　　　）8月から4月にかけて。

おもな作業のようす

(2)　次のうち、害虫（がいちゅう）をふせぐために使（つか）うことが
あるもの１つに○を書きましょう。

　⑦（　　　）農薬（のうやく）　　⑦（　　　）ひりょう　　⑦（　　　）トラクター

(3)　れんこん作りについて、正しいものには○、あやまっているものには×を書き
ましょう。

　①（　　　）れんこん作りは、おもに春から秋に仕事（しごと）をおこない、冬の水がつめた
　　　　　　い時期は、仕事をおこなわない。

　②（　　　）れんこん作りのときには、動（うご）きやすいように短（みじか）い手ぶくろを使う。

　③（　　　）長くしゅうかくできるように、どの畑（はたけ）でも同じしゅるいのれんこんを
　　　　　　作る。

　④（　　　）れんこん畑（はたけ）に水を入れるときには、ポンプをりようしている。

3 れんこん作りがさかんな地いき **れんこんが作られている土地について、次の問いに答えましょう。**

1つ5点〔35点〕

(1) 右の**地図**から読み取れることとして、正しいものには〇、あやまっているものには×を書きましょう。

① (　　　) れんこん畑は、鉄道の南がわに広がっている。

② (　　　) 工場のまわりに田が見られる。

③ (　　　) 鉄道の北がわには、田が見られる。

④ (　　　) れんこん畑の多いところのまわりに、田は見られない。

(2) 大津区の海ぞいの地いきは、ほとんどがかんたく地とよばれる土地です。かんたく地とはどのような土地ですか。次の書き出しにつづけてかんたんに書きましょう。

●もともとは海や湖であった場所から (　　　　　　　　　　　　　　　)

(3) れんこん作りがさかんな場所はどのようなところですか。次のうち、あてはまるもの1つに〇を書きましょう。

㋐ (　　　) 川や海から遠い場所　　　　㋑ (　　　) 日当たりのよい場所

㋒ (　　　) 土地がでこぼこしている場所　㋓ (　　　) 工場が多い場所

(4) 近ごろのれんこん畑について、次の文の □ にあてはまる言葉を書きましょう。

(　　　　　　　　　　　)

●れんこん畑だったところにたてものなどがたてられ、れんこん畑が □ いる。

4 れんこんの出荷 **次の図は、しゅうかくされたれんこんがわたしたちの家に運ばれるまでをしめしています。あ〜うにあてはまる場所の名前をあとの □ からえらびましょう。**

1つ5点〔15点〕

あ (　　　　)　　　い (　　　　)　　　う (　　　　)

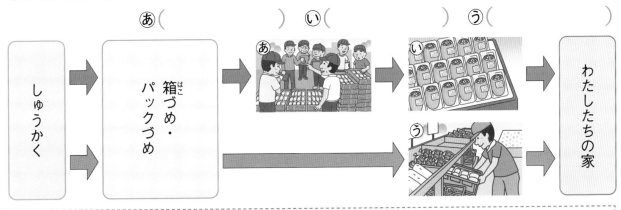

直売所　スーパーマーケット　港　そうこ　おろし売り市場

勉強した日》 月 日

2 店ではたらく人びとの仕事①

きほんのワーク

もくひょう
身近なところにどんな店があるか、たしかめよう。

おわったらシールをはろう

教科書 74〜77ページ | 答え 7ページ

1 知っている店をしょうかいし合う

✎ （　）にあてはまる言葉をあとの　　からえらんで、品物のしゅるいをまとめましょう。

よみトク！ 表　品物のしゅるい分け

身近にある品物を、それぞれのしゅるいごとに分けてみよう！

しゅるい	品物
①（　　　　　）	肉・魚・野菜・⑤（　　　　　）など
②（　　　　　）	ティッシュペーパーなど
③（　　　　　）	服・くつ下など
④（　　　　　）	テレビ・れいぞう庫・⑥（　　　　　）など
そのほか	ペットのえさ・自転車など

いるい　そうじき　日用品　たまご　食りょう品　電気せい品

2 買い物をしている店を調べる

✎ （　）にあてはまる言葉をあとの　　からえらんで、買い物をしている店をたしかめましょう。

●身近な店には⑦（　　　　　）やショッピングモール、スーパーマーケットなどがあり、工場や畑でつくられた食りょう品や日用品が売られている。

◆肉屋は⑧（　　　　　）の一つで、決まったしゅるいの品物を売っている。

●買い物調べカードは、家の人に⑨（　　　　　）をもらって、買い物をした⑩（　　　　　）、買い物をした店や買った品物などを書く。

◆表にまとめるときは、店ごとに、品物別にまとめる。

コンビニエンスストア
食りょう品や日用品を中心に取りあつかう小きぼな店であり、24時間営業しているところが多い。

せんもん店　レシート　コンビニエンスストア　日づけ

しゃかいお工場　インターネットでは、自分の家のパソコンやスマートフォンを使って買い物ができるよ。たくさんの品物からえらぶことができて、買った品物は家まで配たつしてもらえるんだ。

練習のワーク

教科書 74〜77ページ　　答え 7ページ

❶ 次の表は、あるクラスの買い物調べカードをまとめたものです。あとの問いに答えましょう。

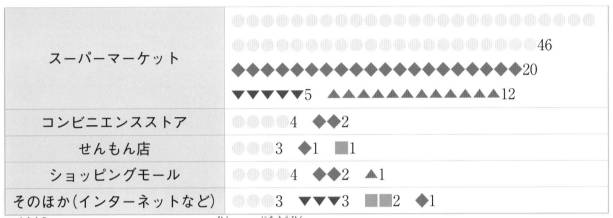

スーパーマーケット	●●●●●●●●●●●●●●●●●●●●●●●●● ●●●●●●●●●●●●●●●●●●●●● 46 ◆◆◆◆◆◆◆◆◆◆◆◆◆◆◆◆◆◆◆◆20 ▼▼▼▼▼5 ▲▲▲▲▲▲▲▲▲▲▲▲12
コンビニエンスストア	●●●●4　◆◆2
せんもん店	●●●3　◆1　■1
ショッピングモール	●●●●4　◆◆2　▲1
そのほか(インターネットなど)	●●●3　▼▼▼3　■■2　◆1

（品物のしゅるい）　●食りょう品　◆日用品　▼いるい　■電気せい品　▲そのほか

(1)　表からわかることとして正しいもの2つに○を書きましょう。

　　㋐（　　　）まちにある店の場所　　　　　㋑（　　　）店内のようす

　　㋒（　　　）りようする人が多い店　　　　㋓（　　　）買った品物のしゅるい

(2)　表のコンビニエンスストアで買われている品物のしゅるいを、2つ書きましょう。

（　　　　　　　）（　　　　　　　）

(3)　表を見て、電気せい品を買った店にあてはまるもの1つに○を書きましょう。

　　㋐（　　　）スーパーマーケット　　　　㋑（　　　）コンビニエンスストア

　　㋒（　　　）せんもん店　　　　　　　　㋓（　　　）ショッピングモール

(4)　全体で、もっとも多く買われている品物は、何ですか。　　（　　　　　　　）

❷ 次のものは、どの品物のしゅるいに分けられますか。あてはまるものを、あとからそれぞれえらんで線でむすびましょう。

① 　　② 　　③ 　　④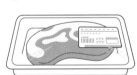

・　　　　　　　・　　　　　　　・　　　　　　　・

・　　　　　　　・　　　　　　　・　　　　　　　・

㋐ 食りょう品　　㋑ 日用品　　㋒ いるい　　㋓ 電気せい品

ポイント 店によって、売っている品物はちがっている。

2　店ではたらく人びとの仕事②

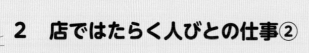

きほんのワーク

もくひょう・・
スーパーマーケットでおこなわれているくふうを考えよう。

おわったらシールをはろう

教科書 **78〜83ページ**　答え **8ページ**

1　スーパーマーケットのくふうを予想する

✎ （　　）にあてはまる言葉をあとの▢からえらびましょう。

スーパーマーケットは、①（　　　　　　　　）にいろいろな用事をすませることができます。安売りの品物があり、②（　　　　　　　　）して食べられる品物を売っています。

よみトク！ **表**　**スーパーマーケットの見学の計画**

調べるポイント	予想
品物の③（　　　　　）	・品物の**しゅるい**ごとにならべられている。
品物の④（　　　　　）	・わりびきした品物がある。 ・**安売りの日**がある。
品物の⑤（　　　　　）	・**新せん**なものが売られている。
そのほか	・レジがふくすうある。 ・⑥（　　　　　　　）を配って、安く買える品物をせんでんしている。

安心　　いちど　　ねだん　　ならべ方　　ちらし　　品質

2　店内のようすを見て調べる

✎ スーパーマーケットの見学について、（　　）にあてはまる言葉をあとの▢からえらびましょう。

●たくさんの⑦（　　　　　　）の品物が売られていた。
●ねだんの安い⑧（　　　　　　）が売られていた。
●⑨（　　　　　　）のそうざいが売られていた。
●たくさんの⑩（　　　　　　　）があった。自分で会計をするレジもあった。

レジ　　お買いどく品　　しゅるい　　つくりたて

  しゃかいか工場　スーパーマーケットは、セルフサービスとよばれる方法で品物を売っているよ。自分でほしいものをとって、レジまで持っていく方法のことをいうんだ。

練習のワーク

できた数

／9問中

教科書　78〜83ページ　答え　8ページ

1 次の図はスーパーマーケットのようすをしめしています。図からわかることとして、正しいものには○、あやまっているものには×を書きましょう。

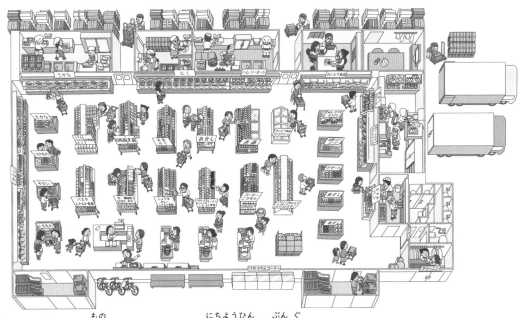

① (　　) 食べ物だけでなく、日用品や文具も売っている。

② (　　) 店の人はお客さんと同じような服を着ている。

③ (　　) 店の人が新しい品物をたなにならべている。

④ (　　) レジは１つしかない。

⑤ (　　) 品物の名前を大きく書いたかんばんがある。

2 スーパーマーケットの店内のようすについて、次の問いに答えましょう。

(1) 店のくふうとしてあてはまる**しりょう**をあとからそれぞれえらびましょう。

① (　　) つくりたてのそうざいがおいてある。

② (　　) たくさんのしゅるいの品物をおいている。

③ (　　) とくべつに安く買えるコーナーをつくっている。

 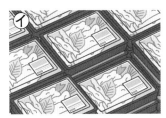 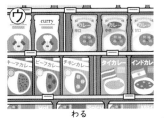

(2) 新せんさや、安心して食べられるかどうかなど、品物のよさや悪さのことを、何といいますか。
　　　　　　　　　　　　　　　　　　　　　　　　(　　　　　　　　　　)

ポイント　見学の計画を立ててスーパーマーケットのくふうを調べる。

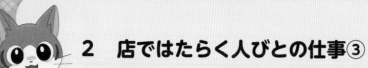

2　店ではたらく人びとの仕事③

もくひょう
スーパーマーケットではたらく人のようすをたしかめよう。

おわったらシールをはろう

きほんのワーク

教科書　84〜87ページ　答え　8ページ

---

1 インタビューをして調べる

✎ 売り場のおくではたらく人について、（　　）にあてはまる言葉をあとの　　から えらびましょう。

よみトク！しりょう　売り場のおくではたらく人たち

◆スーパーマーケットの店長や店員さんに

①（　　　　　　　　　　）して調べる。

●ほこりなどがつかないように、②（　　　　　　　　　）に気をつけている。

●魚はいたみやすいので、運ばれてきたらすぐにさばく。

◆服そうや③（　　　　　　　　　）はせいけつにする。

●事む所では、④（　　　　　　　）で品物の売れぐあいを調べたり、⑤（　　　　　　　）をつくったりしている。

●⑥（　　　　　　　）で運ばれてきた品物を運んでいる。

```
トラック    作業場    ねふだ    インタビュー    服そう    コンピューター
```

---

2 そのほかのくふうを調べる

✎ 店のくふうについて、（　　）にあてはまる言葉をあとの　　からえらびましょう。

●お客さんの意見を集めて、⑦（　　　　　　　）で公開している。

●空きかんやペットボトルなどを⑧（　　　　　　　）するために回収している。

●身体しょうがい者用の⑨（　　　　　　　）を用意している。

```
ちゅう車場    リサイクル    ご意見ボード
```

しゃかいか工場　スーパーマーケットのうらがわには、さまざまな品物がトラックで運ばれてくるよ。だからうらがわには、大きなトラックから荷物を下ろせる広い場所があるんだ。

練習のワーク

できた数

／11問中

おわったら
シールを
はろう

教科書 84〜87ページ 答え 8ページ

1 売り場のおくではたらく人たちのようすについて、次の問いに答えましょう。

(1) スーパーマーケットでおこなわれている次の①〜③のくふうについて、あてはまる理由を⑦〜⑨からそれぞれえらんで線でむすびましょう。

① いろいろな大きさに切られた野菜。 ・

② 日によって品物のねだんがかわる。 ・

③ 品物にはってあるねふだ。 ・

・⑦ 買う人の生活に合わせてえらべるようにしている。

・⑦ 安全のために、つくられた場所やほぞん温度が書かれている。

・⑨ たくさんのお客さんに来てもらえるように特売日をもうけるなどしている。

(2) ねふだに書かれている、①品質がかわらずおいしく食べられる期間、②安全に食べられる期間をそれぞれ何といいますか。

①（　　　　　　　） ②（　　　　　　　）

(3) 魚をさばく人について、正しいものには○を、あやまっているものには×を書きましょう。

①（　　）作業場はよごれやすいので、たまにそうじをするくらいでよい。

②（　　）仕入れた魚は、いちどれいとうしてからさばくようにする。

③（　　）魚はいろいろな大きさにして、切り身やさしみなどをつくる。

2 次の絵に見られるスーパーマーケットのくふうは何ですか。（　　）にあてはまる言葉をあとの　　　　からえらびましょう。

①
② サービスカウンター
③

① 子どもを乗せられる（　　　　　　　　）や、車いすをおいている。

② （　　　　　　　　）で、品物をつつんでもらうことができる。

③ 夕ごはんのこんだての参考として（　　　　　　　）のこんだて表をおいている。

学校給食　　カート　　サービスカウンター

ポイント お店では、多くの人が協力し合って仕事をしている。

もくひょう・
品物がどこからやってくるのか、たしかめよう。

おわったらシールをはろう

2　店ではたらく人びとの仕事④

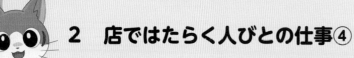
きほんのワーク

教科書　88〜91ページ　　答え　8ページ

1　品物の産地を調べる

✏ （　）にあてはまる言葉をあとの◻からえらび、品物の産地をたしかめましょう。

よみトク！ 図　野菜やくだものの①（　　　　　）マップ

産地
ある品物をつくっている土地のこと。

② （　　　　　）
　…だいこんとりんご

③ （　　　　　）
　…ぶどうともも

④ （　　　　　）
　…きゅうりと
　　ピーマン

②〜④には県の名前が、⑤〜⑦には品物の名前が入るよ。

【地図の凡例】
● トマト　　◯ たまねぎ
🍆 なす　　　🌿 ほうれんそう
🥔 じゃがいも　れんこん
🥕 にんじん　🍊 みかん
🥬 レタス　　🍎 りんご
🥒 だいこん　🍑 もも
🥬 キャベツ　🍈 メロン
🫑 ピーマン　🍐 なし
🥒 きゅうり　🍇 ぶどう

0　　　500km

北海道
青森県
兵庫県　長野県　福島県
鳥取県　群馬県
島根県　　　茨城県
山口県　岐阜県　山梨県
福岡県　和歌山県
熊本県　大分県　徳島県
　　　高知県
鹿児島県　宮崎県

（2022年3月）

⑤ （　　　　　）
　…北海道と福島県
　　と岐阜県から

⑥ （　　　　　）
　…群馬県と長野県
　　から

⑦ （　　　　　）
　…和歌山県から

◻ トマト　　山梨県　　キャベツ　　産地　　青森県　　みかん　　宮崎県

2　スーパーマーケットのくふうをまとめよう

✏ スーパーマーケットのくふうのまとめ方について、（　）にあてはまる言葉をあとの◻からえらびましょう。

● たくさんのお客さんが、スーパーマーケットに⑧（　　　　　）に来る理由を、家の人の思いをもとにして、話し合う。

● 店内のしりょうなど使って、お客さんの⑨（　　　　　）とスーパーマーケットの⑩（　　　　　）とのかんけいをまとめる。

◻ ねがい　　買い物　　くふう

しゃかいか工場 地元産の食りょうを、地元で食べる（消費する）ことを、「地産地消」とよぶよ。遠くまで運ぶひつようがないため、品物を安く売っていることもあるよ。

練習のワーク

できた数

／12問中

おわったら
シールを
はろう

教科書　88〜91ページ　　答え　8ページ

1 右の地図は、外国から日本へ来
る品物の産地をしめしています。
次の問いに答えましょう。

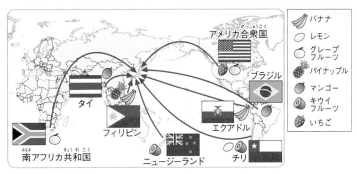

(1) 次の品物がつくられている国
を**地図**中からそれぞれえらびま
しょう。

① バナナ （　　　　　）（　　　　　）

② マンゴー （　　　　　）（　　　　　）

(2) **地図**中にえがかれている、その国をあらわす旗のことを何といいますか。

（　　　　　）

(3) 右の**図**は、スーパーマー
ケットの仕事についてまとめ
たものです。①〜③にあては
まる言葉を、次の　　からえ
らびましょう。

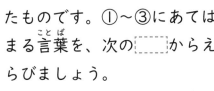

① （　　　　　）　② （　　　　　）　③ （　　　　　）

> 仕入れる　　産地　　せんもん店　　売る　　リサイクル

2 お客さんのねがいとスーパーマーケットのくふうのかんけいについて、次のあ〜
えのねがいに対するくふうを、あとからそれぞれえらびましょう。

あ（　　）　い（　　）　う（　　）　え（　　）

あ　品物を安く買えるきかいがほしい。	い　安全がたしかめられた品物を買いたい。	う　家族といっしょに買い物をしたい。	え　かんきょうにやさしく買い物をしたい。

㋐　店の人が、1日に決まった回数、品物の品質のチェックをしています。

㋑　車いすで買い物ができるように、ちゅう車スペースや通路を広くとっています。

㋒　お買いどく品が買える特売日をもうけて、ちらしなどで知らせています。

㋓　空きかんやペットボトルを回収するリサイクルコーナーをもうけています。

 店頭にならぶ品物は、さまざまな産地から仕入れている。

まとめのテスト

2　店ではたらく人びとの仕事

とく点

/100点

おわったら
シールを
はろう

教科書　74〜91ページ　　答え　9ページ　　時間 20分

1 スーパーマーケットの中のようす　次の問いに答えましょう。

1つ5点〔30点〕

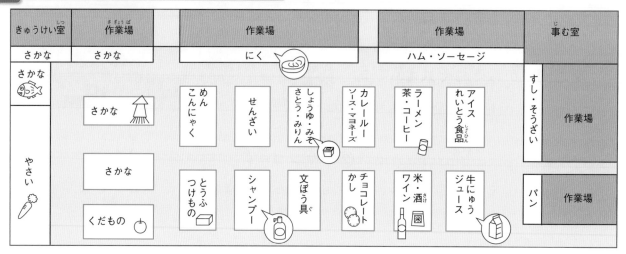

きゅうけい室	作業場		作業場			作業場		事む室

(1) 図のスーパーマーケットで売っていないもの2つに○を書きましょう。

　⑦（　　　）ピアノ　　　①（　　　）くだもの　　　⑤（　　　）野菜

　⑤（　　　）肉　　　　　①（　　　）パソコン

作図 (2) 図の中で、食べ物や飲み物以外の品物がおかれている売り場のたなを赤色でぬりましょう。

(3) 図からわかることとして、あてはまるものには○、あてはまらないものには×を書きましょう。

　①（　　　）売り場は、しゅるいごとにわかりやすく分かれている。

　②（　　　）肉と魚は、同じ売り場で売っている。

　③（　　　）通路は、たてと横にきちんと分けられている。

2 店内のようす　次の店内のようすにあてはまるしりょうを、あとからそれぞれえらびましょう。

1つ5点〔15点〕

①（　　　）同じ野菜が、いろいろな大きさに切って売られていた。

②（　　　）お買いどく品だとわかるようにならべてあった。

③（　　　）スーパーマーケットでつくられた、そうざいのコーナーがあった。

3 店ではたらく人のようすやくふう　次の問いに答えましょう。　1つ5点〔30点〕

(1) スーパーマーケットではたらく人がおこなっているくふうについて、正しいものには○、あやまっているものには×を書きましょう。

①（　　　）コンピューターで売れぐあいを調べ、注文する品物の数を決める。

②（　　　）その日に売り場にならべるそうざいは、朝にまとめてつくる。

(2) 魚売り場ではたらく人が気をつけていることとして、次から正しいものを2つえらびましょう。　（　　　）（　　　）

㋐　できるだけ高い魚を仕入れる。　　㋑　魚が古くなってから、さしみにする。

㋒　作業場をいつもきれいにする。　　㋓　仕入れた魚はすぐにさばく。

(3) 右の**絵**は、店のどのようなくふうをしめしていますか。次から1つえらび、○を書きましょう。

㋐（　　　）おすすめの品物がわかる。

㋑（　　　）遠くからでも買い物に来てもらえる。

㋒（　　　）小さな子どもといっしょに、買い物を楽しめる。

(4) スーパーマーケットのリサイクル活動について、かんたんに書きましょう。

（　　　　　　　　　　　　　　　　　　　　　　　　　　　）

4 店内のようす　右の地図を見て、次の問いに答えましょう。　1つ5点〔25点〕

(1) 右の**地図**を見て、次の野菜やくだものを多く作っている、もっとも北にある産地を書きましょう。

①じゃがいも（　　　　　　　）

②りんご　　（　　　　　　　）

(2) 右下の**地図**を見て、次の文の□□にあてはまる国の名前を書きましょう。

（　　　　　　　　　）

●レモンは、□□から多く仕入れています。

(3) 産地を調べるには、何を見ればよいですか。次から2つえらびましょう。

（　　　）（　　　）

㋐　ねふだ　　　㋑　ちらし

㋒　レジぶくろ　㋓　レシート

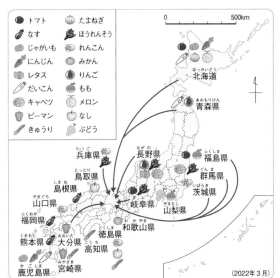

未来につなげる～わたしたちの SDGs～

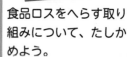

もくひょう・🎯
食品ロスをへらす取り組みについて、たしかめよう。

おわったら
シールを
はろう

きほんのワーク

教科書　92～93ページ　　答え　9ページ

1 食べられずにすてられてしまう食品をへらすために

🖊 （　　　）にあてはまる言葉をあとの◻からえらびましょう。

●ひつようがなくなったり、賞味期限や①（　　　　　　　）が切れたりした食品は、

②（　　　　　　　）しまうことが多い。

　◆食べられるはずの食品がすてられてしまうことを、③（　　　　　　　）といい、
　商店などではへらす取り組みがおこなわれている。

●商店などが協力しておこなっている取り組みを、④（　　　　　　　）などを使って
　調べてみる。

食品ロス　　インターネット　　すてられて　　消費期限

🖊 （　　　）にあてはまる言葉をあとの◻からえらびましょう。

よみトク！ SDGs

食品ロスをへらす取り組み

店が協力して、⑤（　　　　　）
の取り組みを進めている。

区や地いきの団体が協力して、⑦（　　　　　）の活動をしている。

料理のりょうの⑥（　　　　　）
をしたり、ばら売りやはかり売り
をしたりする。

家で⑧（　　　　　）食品を持ちより、
ひつようとする人やしせつにとどける。

●食品ロスをへらす取り組みと、世界中で取り組まれている⑨（　　　　　　　）
　の目標とをかかわらせて、さらに活動を広げようとしている。

調節　　フードドライブ　　SDGs　　食べきり　　あまった

しゃかいか工場 🚚 食品ロスをへらす取り組みには、賞味期限などが近づいた食品を先に買うことをうながす
「てまえどり」運動などもあるよ。

練習のワーク

勉強した日▶　月　日

できた数

／8問中

おわったら
シールを
はろう

教科書　92～93ページ　　答え　9ページ

1 次の問いに答えましょう。

(1) 「食品ロス」の問題について、正しいものには〇、あやまっているものには×を書きましょう。

① (　　　　)「食品ロス」とは、まだ食べることができる食品が、食べられずにすてられてしまうことである。

② (　　　　)「食品ロス」をへらす取り組みは、スーパーマーケットだけでおこなわれている。

③ (　　　　) 賞味期限が切れた食品でも、消費期限が切れていない食品はすてられることはない。

(2) 次の①、②の説明としてあてはまるものを、あとからそれぞれえらびましょう。

①(　　　　)　②(　　　　)

⑦　小もりメニューをつくるなどして、「食べきり」の取り組みを進めている。

④　あまった食品を集めて、ひつようとする人やしせつにとどけている。

(3) (2)①の取り組みを、カタカナで何といいますか。　(　　　　　　　　　)

2 次の「食品ロス」をへらす取り組みにもっともかかわりの深いSDGsの目標を、あとからそれぞれえらびましょう。

(1)(　　　　) 板橋区では、商店がいなどと協力して、注文した料理を「食べきる」ことができるようにする取り組みをおこなっている。

(2)(　　　　) 板橋区では、あまった食品を集めて、ひつようとする人やしせつにとどける取り組みを進めている。

⑦　目標2「飢餓をゼロに」（飢餓とは、食べ物が手に入らず苦しむこと）

④　目標7「エネルギーをみんなに　そしてクリーンに」

⑦　目標13「気候変動に具体的な対策を」

⑦　目標12「つくる責任、つかう責任」

ポイント　「食品ロス」をへらすための取り組みを調べてみよう。

51

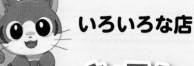

いろいろな店

きほんのワーク

もくひょう・

スーパーマーケット以外の店についてたしかめよう。

おわったら
シールを
はろう

| 教科書 | 74〜77ページ | 答え | 9ページ |

1 いろいろな店

✎ 店のしゅるいについて、（　　）にあてはまる言葉をあとの□□からえらびましょう。

● ①（　　　　　）の店は、歩きや②（　　　　　）ですぐに買い物に行けるので、べんりである。

● ③（　　　　　）で、家にいながら買い物ができる。

● ④（　　　　　　）は、多くの店が集まっている、大きぼなしせつのことをいう。

● ⑤（　　　　　　）は、ほとんどの品物のねだんが同じである。

| きんいつかかくショップ　　ショッピングモール |
| 近所（きんじょ）　　自転車（じてんしゃ）　　インターネット |

✎ コンビニエンスストアについて、（　　　）にあてはまる言葉をあとの□□からえらびましょう。

よみトク！しりょう　　コンビニエンスストア

たくはいびん
荷物（にもつ）を、直せつそれぞれの家や会社にとどけるしくみ。

● 朝早くから⑥（　　　　　）おそくまで、店が開（あ）いている。

● 店は小さいが、⑦（　　　　　）のしゅるいがたくさんある。

● ⑧（　　　　　）を送（おく）ったり、水道やガス・⑨（　　　　　）料金（りょうきん）をしはらったりできる。

| たくはいびん　　夜　　電気　　品物 |

しゃかいがエ場 コンビニエンスストアのコンビニエンスは、「べんり」という意味（いみ）だよ。ストアは「店」という意味だから、「べんりな店」だね。

練習のワーク

勉強した日 ▷　　月　　日

できた数

／10問中

おわったら
シールを
はろう

教科書　74〜77ページ　答え　9ページ

1 次の人は何の話をしていますか、あとからそれぞれえらびましょう。

①(　　) ②(　　) ③(　　) ④(　　)

① 家にいながら買い物ができて、買った商品はとどけてもらえるよ。

② 天気の悪いときでも安心して買い物ができるように、歩道に屋根がついているところがあるよ。

③ 食りょう品や日用品を中心にたくさんの商品がおいてあり、レジでお金のしはらいをまとめてできるよ。

④ 家で使っているテレビがこわれたから、新しいテレビを買いに行ったよ。

㋐　商店がい　㋑　スーパーマーケット　㋒　インターネット　㋓　せんもん店

2 コンビニエンスストアについて、正しいものには○、あやまっているものには×を書きましょう。

①(　　)大きな店であるが、品物のしゅるいは少ない。

②(　　)食事をつくる時間のない人や、一人ぐらしの人にもべんりなコーナーがある。

③(　　)朝早くや夜おそくでも、店が開いている。

④(　　)たくはいびんを送ることができる。

⑤(　　)店の中に、お金を引き出せる機械がおいてある。

⑥(　　)トイレを使うことができる。

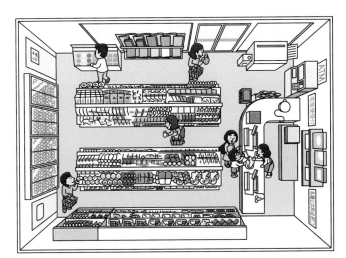

ポイント　身近な店のとくちょうをまとめておく。

まとめのテスト

いろいろな店

とく点

/100点

おわったら
シールを
はろう

教科書　74〜77ページ　　答え　10ページ

時間 20分

1 さまざまな店 **次のカードを見て、あとの問いに答えましょう。**

1つ5点〔50点〕

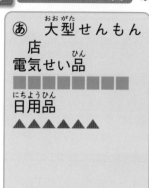

あ　大型せんもん店
電気せい品
■■■■■■■
日用品
▲▲▲▲▲▲

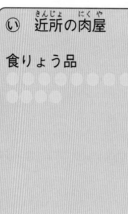

い　近所の肉屋
食りょう品
●●●●●●●●
●●●●●●●●

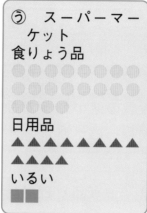

う　スーパーマーケット
食りょう品
●●●●●●●●
●●●●●●●●
日用品
▲▲▲▲▲▲▲
▲▲▲▲
いるい
■■

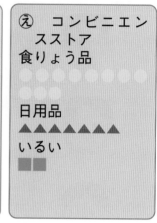

え　コンビニエンスストア
食りょう品
●●●●●●●●
●●●●●●●●
日用品
▲▲▲▲▲▲
いるい
■■

(1)　次の①、②にあてはまる店を、あ〜えからそれぞれえらびましょう。

①　もっとも多くの人が買い物をした店　　　　　　　　　　（　　　）

②　食りょう品だけが買われた店　　　　　　　　　　　　　（　　　）

(2)　あの店について、次の文の（　　）にあてはまる言葉を 　　 からえらびましょう。

●この店は、テレビや①（　　　　　　　）、せんたくきなどの②（　　　　　　　）
をせんもんに売っています。つくっている会社からちょくせつ仕入れるので、
ふつうのお店よりも③（　　　　　　　）買うことができます。また、買った品
物は④（　　　　　　　）してくれたり、取りつけをサービスしてくれたりします。

> 電気せい品　　自動車　　れいぞう庫　　安く
> 高く　　配たつ　　プレゼント　　食りょう品

(3)　次の3人は、い、う、えのいずれかで肉を買いました。それぞれどの店で買い
ましたか。

①（　　　）こうこくのちらしを見て買いに来ました。野菜や魚、日用品もいっしょ
に買えるのでべんりです。

②（　　　）ひつような分だけ、はかって売ってもらえるのでべんりです。あげた
てのコロッケもおいしいですよ。

③（　　　）夜おそくに、急にひつようになって買いに行きました。お肉のしゅる
いは少ないですが、助かります。

(4)　上のあ、い、えのうち、スーパーマーケットと同じように、広いお店でたくさ
んの人がはたらいているのはどれですか。　　　　　　　　　　（　　　）

2 新しい形の店　次の問いに答えましょう。

(1) インターネットの店についての説明として正しいもの2つに○を書きましょう。

⑦（　　　）買った品物を、たくはいびんなどで家に送ってもらうことができる。

⑦（　　　）品物の実物を手にとって見ることができる。

⑦（　　　）食べ物や本以外のものを売っている店はない。

⑦（　　　）24時間いつでもりようすることができる。

(2) 右の**写真**は、「きんいつかかくショップ」です。このような店で売られている品物のねだんのとくちょうを、かんたんに書きましょう。

（　　　　　　　　　　　　　　　　　　　　　）

3 コンビニエンスストア　次の絵を見て、あとの問いに答えましょう。1つ5点〔35点〕

(1) ⑥〜②の**絵**について、次の文の（　　　）にあてはまる言葉を［ ］からえらびましょう。

⑥（　　　　　）で荷物を送ることができます。

⑥（　　　　　）のお金をおろす機械がおいてあります。

⑥　電気や水道などの（　　　　　　　　）をしはらうことができます。

②　おにぎりや（　　　　　　）のしゅるいが多いです。

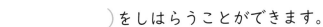

コピー	銀行	おべんとう	たくはいびん	料金	トイレ

(2) スーパーマーケットにはありますが、コンビニエンスストアにはないことが多いものを、次から2つえらびましょう。（　　　）（　　　）

⑦　ちゅう車場　　⑦　魚をさばく部屋　　⑦　トイレ　　⑦　広い通路

(3) コンビニエンスストアではたらく人がたいへんな点について、右の**写真**の ▢ のところを見てかんたんに書きましょう。

（　　　　　　　　　　　　　　　　　　　　）

1 火事から人びとを守る①

きほんのワーク

教科書 94〜99ページ　答え 10ページ

1 わたしたちの安全なくらしを守るために／わたしたちの市の火事を調べる

✏ （　）にあてはまる言葉をあとの□からえらびましょう。

よみトク！ 図　**火事がもえ広がるようす**

〈木ぞうの家の場合〉
- 0分　火事発生
- 1分　まわりのもえるものにもえうつる
- 3分　しょうじやふすまにもえうつる
- 5分　天じょううらや屋根にもえうつる
- 8分　全面ねんしょう
　●このころに放水をはじめられれば、まわりの家にもえうつるのをふせぐことができる。
- 10分　家全体がやけ落ちる

● 火事がおこると、①（　　　　　　　）が出動して、消火活動をおこなう。
　◆ ②（　　　　　　　）以内に放水をはじめれば、まわりの家に③（　　　　　　　）ことをふせげる。

火事の④（　　　　　　　）

⑤（　　　　　　　）は火をつけるはんざい

⑥（　　　　　　　）のふしまつ

グラフ
- 放火　12件
- たき火　9
- 電気機器　6
- たばこ　4
- こんろ　4
- てんぷら油　2
□…1件
※そのほか 38件
（2020年）　（2021年　湖南広域消防局しりょう）

8分　放火　たき火　もえうつる　消ぼう自動車　げんいん

2 消ぼうしょへ見学に行こう

✏ （　）にあてはまる言葉をあとの□からえらんで、図を完成させましょう。

消ぼうしょで出動指令を受ける。　→

（⑦）を受け取る。

ヘルメットや（⑧）を着る。

（⑨）をかくにんする。

消ぼう自動車に乗る。

⑦（　　　　　　　）⑧（　　　　　　　）⑨（　　　　　　　）

●⑩（　　　　　　　）の電話を受けて、8分以内に放水をはじめることをめざす。

119番　ぼう火服　指令書　場所

しゃかいか工場🚚　全国では1日あたり100件（2022年）ほど火事が発生している。1年のうちでは、ストーブなどを使うことが多い1〜4月の発生件数が多くなっているよ。

練習のワーク

勉強した日 ▶ 　　　月　　　日

できた数

／10問中

おわったら
シールを
はろう

教科書 94〜99ページ　　答え 10ページ

1 湖南広いき消ぼう局が守る４市の火事についてまとめた次のグラフや表を見て、あとの問いに答えましょう。

火事の件数

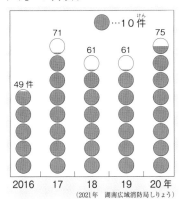

```
71    61    61    75
49件
    ●…10件

2016  17   18   19   20年
(2021年 湖南広域消防局しりょう)
```

火事による人のひがい

	けがをした人	なくなった人
2016年	6人	3人
2017年	5人	3人
2018年	17人	1人
2019年	8人	3人
2020年	11人	2人

(1) グラフ中で火事の件数がいちばん多いのは何年ですか。　（　　　　　　）

(2) 火事の件数は、2018年から2019年までどのようにへんかしていますか。次からえらびましょう。　（　　　）

　　⑦　へっている　　　⑦　ふえている　　　⑦　かわらない

(3) 火事による人のひがいについて、正しいものには○、あやまっているものには×を書きましょう。

　　①（　　　）火事によってなくなった人は毎年出ている。

　　②（　　　）けがをした人の数はへってきているが、毎年10人以上いる。

　　③（　　　）2016年は火事の件数も人のひがいももっとも少ない。

2 次の問いに答えましょう。

(1) 次の①〜④の消ぼう自動車にあてはまる説明を、あとからえらびましょう。

　　　　　①（　　　）②（　　　）③（　　　）④（　　　）

　　①　化学車　　②　救助工作車　　③　タンク車　　④　はしご車

　　⑦　マンションやビルなどの高いたてものが火事になったときの消火や救助に使う。

　　⑦　救助するときにひつようなさまざまな道具をつみこんでいる。

　　⑦　油やガソリンで火事がおこったとき、あわを使って消火をおこなう。

　　⑦　約1500Ｌもの水をつむことができる。火事の現場でさいしょに放水する。

(2) 火事がおこったときは、何番に電話をかけますか。

　　　　　　　　　　　　　　　　　　　　　　　　　　（　　　　　　）

ポイント 火事がおこったときは、早めの消火活動がたいせつ。

3 安全なくらしを守る

1 火事から人びとを守る②

きほんのワーク

1 119番のしくみを調べよう

( )にあてはまる言葉をあとの ☐ からえらんで、図を完成させましょう。

よみトク！ 図　119番のしくみ

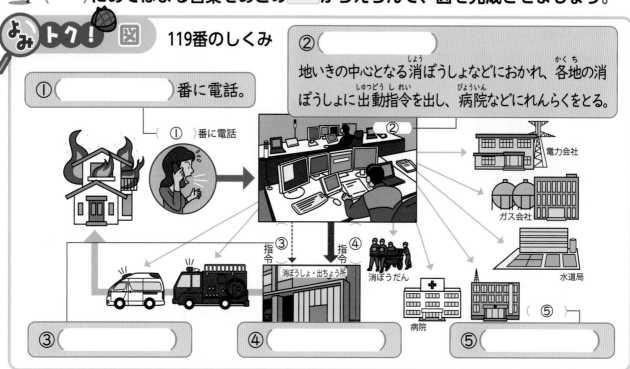

① ( ) 番に電話。

② ( )
地いきの中心となる消ぼうしょなどにおかれ、各地の消ぼうしょに出動指令を出し、病院などにれんらくをとる。

① 番に電話

電力会社

ガス会社

水道局

指令 ③　指令 ④

消ぼうしょ・出ちょう所　消ぼうだん　病院

(⑤)

③ ( )　④ ( )　⑤ ( )

| 通信指令室 | 予告 | 119 | 出動 | けいさつしょ |

2 消ぼう隊員の仕事／琵琶湖や高速道路などへの出動

( )にあてはまる言葉をあとの ☐ からえらびましょう。

● きんむは24時間。てんけんや、消火や救助のための**訓練**、⑥( )などをしている。

● 「**休み**」は完全な休日。「⑦( )」は完全な休日ではなく、きんむをつづけることもある。

● 湖や川などでおこる⑧( )事故のときは、**水なん救助車**で出動する。

SDGs ● 高速道路の事故や大きな⑨( )のときは遠くへ出動することもある。

	1日目	2日目	3日目	4日目
平山さん	きんむ	ひばん	休み	きんむ
前田さん	休み	きんむ	ひばん	休み
平野さん	ひばん	休み	きんむ	ひばん

| ひばん | 自然さいがい | トレーニング | 水なん |

しゃかいか工場 空から消火活動や救助活動をおこなう消ぼうヘリコプターや、こんざつしている場所などにすばやく行ける消ぼう活動用バイクをそなえている消ぼう局もあるよ。

練習のワーク

教科書 100〜105ページ　答え 11ページ

1 次の問いに答えましょう。

(1) わたしたちが119番に電話をかけるとつながる右の絵の場所を何といいますか。　　（　　　　　　　）

(2) 火事がおこったとき、(1)は次の①〜③にどのような協力を求めますか。あとからそれぞれえらびましょう。

①（　　　）病院　　　②（　　　）けいさつしょ

③（　　　）水道局

⑦ 火事のおこっている地いきにたくさんの水を送ってください。

④ けが人がたくさん出そうです。受け入れをおねがいします。

⑨ じゅうたいがおこりそうです。交通整理をおねがいします。

2 消ぼうしょではたらく人の1日をしめした図を見て、あとの問いに答えましょう。

午前8：30 ➡ ①引きつぎ、②車両のてんけん、③消火せんのてんけん、④ミーティング ➡ 12：00 ➡ ⑤ぼう火しどう、⑥救助訓練、⑦トレーニング ➡ 午後5：00 ➡ 10：30 ➡ ⑧かみん ➡ 午前8：30

(1) この消ぼうしょでは、前の日にはたらいていた人と交代をするのは、何時何分ですか。　　（　　　　　　　）

(2) 次のあ〜うにあてはまる仕事を、図中の①〜⑧からえらびましょう。

あ（　　　）　　　　い（　　　）　　　　う（　　　）

(3) 救急車で急病人を運ぶあいだ、ひつような手当てをおこなう消ぼう隊員を何といいますか。　　（　　　　　　　）

(4) 湖や川などでの事故のときに出動する、救助にひつような道具やゴムボートなどをつんだ車を何といいますか。　　（　　　　　　　）

ポイント 消ぼうしょは、多くのきかんとれんけいしている。

1 火事から人びとを守る③

もくひょう
学校のぼう火せつびや地いきのぼうさい対さくを知ろう。

おわったら
シールを
はろう

きほんのワーク

教科書 106〜111ページ | 答え 11ページ

1 学校や地いきを火事から守るために

✎ ( )にあてはまる言葉をあとの から えらんで、図を完成させましょう。

よみトク！ 図 学校や地いきの消ぼうせつび

④( )

①( )…火事のとき、すぐに使用すると効果がある道具。

②( )…ホースの長さは30m ある。

⑥( )

③( )…すべての教室の天じょうにある。

…消火活動のための水をためておくせつび。

多目的室

（屋上）

音楽室

ふきぬけ

(①)
(②)
(③)
(④)
(⑤)

トイレ

トイレ

■わたしたちの教室のある階

⑤( )…火事が広がらないようにする。

ひなん場所
わたしたちの学校
栗東市
ひなん場所
文化会館
保育園
ひなん場所

● 消火せん
(⑥)
家が多いところ
田
0　　200m

消火せん　　けいほうそうち　　消火器

ぼう火とびら　　ぼう火水そう　　火さいほう知せつび

2 地いきの消ぼうだん／自分の考えを深めよう

✎ ( )にあてはまる言葉をあとの からえらびましょう。

● 地いきの中には、⑦( )とよばれる集まりに入っている人もいて、消ぼうしょの人と協力して、⑧( )をおこなっている。

◆ 消ぼうだんでは、地いきの人びとへの⑨( )や、放水の⑩( )をおこなっている。

ぼう火しどう　　訓練　　消ぼうだん　　消火活動

---

60 **しゃかいか工場** 教室の天じょうについている「火さいほう知せつび」は、「消ぼう法」という国のきまりで、すべての教室につけなければならないことになっているものなんだ。

できた数

／10問中

練習のワーク

教科書　106〜111ページ　答え　11ページ

1 消ぼうせつびについて、次の問いに答えましょう。

(1) ①〜③の学校の消ぼうせつびの名前を書きましょう。

①（　　　　　）　②（　　　　　）　③（　　　　　）

①  ②  ③

(2) (1)の①〜③の消ぼうせつびについて説明したものを、次からえらびましょう。

①（　　）　②（　　）　③（　　）

㋐　ろうかや体育館などにおいてある、火事を消すためのせつび。

㋑　火事を知らせるボタンと、放水用のホースが入っているせつび。

㋒　教室の天じょうなどについている、火事の発生を知らせるせつび。

(3) 次の①〜③の、火事にそなえた地いきの取り組みを説明したものを、あとから
えらびましょう。

①（　　）　②（　　）　③（　　）

①  ②  ③

㋐　消ぼう自動車が放水の水をとるために、消火せんやぼう火水そうがある。

㋑　地いきの人の中には、消ぼうだんに入っている人がいる。

㋒　学校の校庭や広い公園は、さいがいのときのひなん場所になっている。

2 消ぼうだんの説明として、正しいもの１つに○を書きましょう。

㋐（　　）きんむ日の夜はかみんを取りながら、いつでも出動できるようにする。

㋑（　　）ふだんはそれぞれ自分の仕事をしている。

㋒（　　）救急車を運転して、けが人を病院へ運ぶ。

㋓（　　）消火活動以外の現場の見回りやあとかたづけのみをおこなう。

ポイント　身近な消ぼうせつびをたしかめておく。

まとめのテスト

1 火事から人びとを守る

とく点

/100点

教科書 94〜111ページ　答え 11ページ　時間 20分

1 火事のげんいん 次の①〜③の火事のげんいんは、それぞれ右のグラフのどれにあてはまりますか。

1つ5点〔15点〕

①（　　　　　）②（　　　　　）

③（　　　　　）

① 食事のしたくをしているとき、ちょっと目をはなしたあいだに、てんぷら油がもえあがってしまった。

② 家の外においてあったごみに火をつけられて、火事になってしまった。

③ 集めた落ち葉や木のえだをもやしていたら、家に火がうつってしまった。

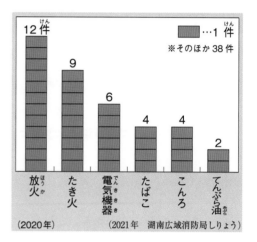

（2020年）　　（2021年　湖南広域消防局しりょう）

2 消ぼう隊員のしごと 次の問いに答えましょう。

1つ5点〔35点〕

119番の電話があると、①では、すべての消ぼうしょに②指令を出します。その後、火事の大きさやけが人の数などからはんだんして、③指令を出します。③指令を受けた消ぼうしょでは、隊員がすぐに④を着て、消ぼう自動車に乗りこみます。消ぼう自動車はすぐ出動できるよう、毎朝⑤されています。消ぼうしょでは、119番のれんらくを受けたあと、8分以内に火事現場で放水をはじめることをめざしています。そうすれば、⑥からです。

(1) 文中の①〜⑤にあてはまる言葉を、次からえらびましょう。

①（　　　）②（　　　）③（　　　）④（　　　）⑤（　　　）

　⑦ 通信指令室　　　⑦ 出動　　　⑦ ぼう火服　　　⑤ けいさつしょ

　⑦ 予告　　　　　　⑦ てんけん　　⑦ 訓練

記述▶ (2) 文中の⑥にあてはまる内容を、次の書き出しにつづけて書きましょう。

　●まわりの家やたてものに、（　　　　　　　　　　　　　　　　　　　）

(3) 文中の①は火事のとき、かんけいするところに協力をおねがいしています。病院におねがいすることを次からえらびましょう。　　　　（　　　）

　⑦ 交通整理をしてもらう。　　　⑦ 水をたくさん使えるようにしてもらう。

　⑦ けが人を受け入れてもらう。　⑤ ガスを止めてもらう。

3 消ぼうしょの人たちの活動　**次の問いに答えましょう。**　1つ5点〔30点〕

(1) 次の活動の目的として関係の深いものを、あとからそれぞれえらびましょう。

①（　　　）24時間交代できんむしている。

②（　　　）会社や商店の人たちに、ぼう火のためのこう習会を開いている。

③（　　　）救急車に、けが人を手当てできるせつびや器具を整えている。

④（　　　）日ごろから、消火のための訓練をしている。

⑦　早く消火する。　　　　　　　　　　④　いつでも出動できるようにする。

⑦　火事をおこさないようにする。　　　④　けが人や急病の人を助ける。

(2) 右の**表**は、消ぼう隊員のきんむ体制をしめしています。**表中の**（　　　）には、完全な休日ではなく、そのままきんむがつづくこともあることをしめす言葉があてはまります。（　　　）にあてはまる言葉を書きましょう。（　　　　　　）

	1日目	2日目	3日目	4日目
平山さん	きんむ	（　）	休み	きんむ
前田さん	休み	きんむ	（　）	休み
中野さん	（　）	休み	きんむ	（　）

(3) 湖や川で事故がおきたときには水なん救助車で出動します。この車につまれている、おもに水の上を進むときにりようする道具は何ですか。（　　　　　　）

4 学校や地いきの消ぼうせつび　**次の問いに答えましょう。**　1つ5点〔20点〕

(1) 次の**図**の説明としてあてはまるものを、あとからそれぞれえらびましょう。

①（　　　）　②（　　　）　③（　　　）

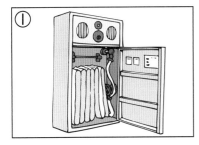  

⑦　消火せんや、火事を知らせるけいほうそうちがついている。

④　消火のためのせつびではないが、火事がおきたときの消火に使われるので、冬でも水をためておく。

⑦　とびらをしめて、火事が広がらないようにする。

(2) 右の**図**は地いきの消ぼうせつびのある場所をしめしています。消火せんはどのような場所にたくさんあるか、かんたんに書きましょう。

（　　　　　　　　　　　　　　　　）

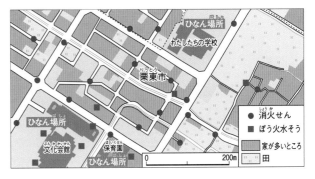

2　交通事故や事件から人びとを守る①

もくひょう
交通事故をふせぐための取り組みをたしかめよう。

おわったらシールをはろう

きほんのワーク

教科書　112〜115ページ　｜　答え　12ページ

1　身近な交通事故や事件

🖊 (　　)にあてはまる言葉をあとの　　からえらびましょう。

●交通事故がおこると、

①(　　　　　　　　)の人がかならず出動する。

◆②(　　　　　　　　)の人や消ぼう自動車が来ることもある。

●けいさつしょの人は、事件の

③(　　　　　　　　)もしている。

●右のグラフを見ると、交通事故や事件の件数は少しずつ

④(　　　　　　　　)。

交通事故と事件の件数(府中市)

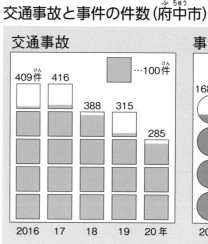

交通事故
409件　416　…100件
388　315
285
2016　17　18　19　20年

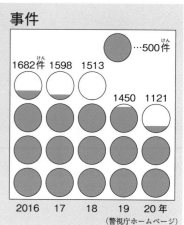

事件
…500件
1682件　1598　1513
1450　1121
2016　17　18　19　20年

(警視庁ホームページ)

┌───┐
│ 消ぼうしょ　　へっている　　けいさつしょ　　そうさ │
└───┘

2　交通事故がおこったら

🖊 (　　)にあてはまる言葉や数字をあとの　　からえらびましょう。

よみトク！図　110番のしくみ

⑦(　　　　　　)　　⑥(　　　　　　)

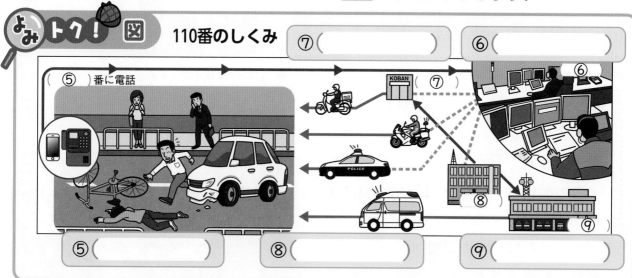

(⑤　)番に電話

⑤(　　　　)　　⑧(　　　　)　　⑨(　　　　)

┌───┐
│ 交番　　通信指令センター　　110　　けいさつしょ　　消ぼうしょ │
└───┘

しゃかいか工場

2022年にはおよそ300000件の交通事故がおきたよ。この年に、交通事故でなくなった人の数がいちばん多いのは大阪府だったんだ。

練習のワーク

できた数

／10問中

おわったら
シールを
はろう

1 右のグラフは、東京都府中市でおこった交通事故の件数です。グラフの説明として正しいものには○、あやまっているものには×を書きましょう。

① (　　)2017年の交通事故の件数は、**グラフ**の中でもっとも多い。

② (　　)2016年の交通事故の件数は、400件よりも少ない。

③ (　　)2017年から2020年にかけ、交通事故の件数はへりつづけている。

④ (　　)**グラフ**中で、交通事故の件数がはじめて300件よりも少なくなったのは、2020年である。

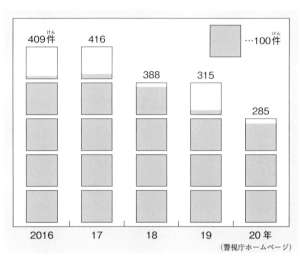

409件　416　…100件
388　315
285

2016　17　18　19　20 年
（警視庁ホームページ）

2 次の問いに答えましょう。

(1) 交通事故の現場でけいさつしょの人がおこなう仕事として正しいものには○、あやまっているものには×を書きましょう。

① (　　)運転手や事故を見ていた人から話を聞いて事故のげんいんを調べる。

② (　　)新たな事故やじゅうたいがおこらないように交通整理をする。

③ (　　)けがをした人を救急車で病院に運ぶ。

(2) 交通事故を見かけた人が110番でれんらくするとつながる右のような場所を何といいますか。　(　　　　　　　　)

(3) 交通事故のとき、(2)かられんらくする相手としてあやまっているものを、次からえらびましょう。　(　　　　)

㋐　白バイ　　㋑　けいさつしょ

㋒　パトロールカー　　㋓　消ぼうだん

(4) 交通事故による火事がおこっていたり、けが人がいたりしたときに、(2)がれんらくする相手はどこですか。　(　　　　　　　　)

ポイント　110番のしくみについてまとめよう。

2 交通事故や事件から人びとを守る②

きほんのワーク

1 地いきで見かけるけいさつしょの人の仕事

✎ （　）にあてはまる言葉をあとの□からえらびましょう。

●交番につとめる人のふだんのおもな仕事は、地いきの①（　　　　　）である。

◆ぬすまれた自転車をさがしたり、②（　　　　　）の現場にかけつけたりする仕事もしている。

●地いきの安全を守るにはみんなが③（　　　　　）を守ることがひつようである。

◆交通事故をおこさないためのきまりを④（　　　　　）という。

> 交通ルール　事件　法やきまり　パトロール

2 安全に登下校ができるように

✎ （　）にあてはまる言葉をあとの□からえらびましょう。

よみトク！ しりょう　地いきの安全を守るしせつやせつび

| 交通量が多いところにつくられた⑤（　　）。 | 道路にせっちされたさまざまな⑥（　　）。 | ⑦（　　　）は、見通しの悪いところにある。 | 通学路に⑧（　　）がある。 |

●市役所は、けいさつしょと協力して、安全を守るせつびをせっちしたり、ようち園や学校で⑨（　　　　　）をおこなったりしている。

◆体や目が不自由な人のための信号の⑩（　　　　　）をふやすなど、どんな人も安全にくらすことができるよう、せつびをくふうしている。

> 交通安全教室　カーブミラー　道路ひょうしき　歩道橋　ぼうはんカメラ　ボタン

しゃかいか工場 人をだましてお金をとることを「さぎ」というよ。お年よりにうそを言って、お金をふりこませる（送金させる）さぎを「ふりこめさぎ」というんだね。

練習のワーク

教科書 116〜119ページ　答え 13ページ

1 次の問いに答えましょう。

(1)　次の①〜④にあてはまるものを、**表**中の⑦〜⑤からえらびましょう。

①（　　　）　　　②（　　　）

ある交番につとめるけいさつしょの人の1日の仕事

午前8：30	前につとめた人と交代
10：30	地いきの人をたずねる。　……⑦
11：15	道案内をしたり、落としものの受け取りをしたりする。　………⑦
午後0：00	休けい
1：00	ぬすまれた自転車をさがす。　……………………………………⑦
3：30	地いきのパトロール　…………⑤
6：00	休けい
9：00	夜のパトロール
午前8：30	次につとめる人と交代

③（　　　）　　　④（　　　）

(2)　次の文の□□にあてはまる言葉を漢字で書きましょう。　（　　　　　）

●地いきの安全を守るためには、交通ルールなどの□□やきまりを、地いきのみんなで守ることがたいせつである。

2 次の問いに答えましょう。

(1)　次の①〜③の交通事故をふせぐためのしせつやせつびの名前を、あとからえらびましょう。

①（　　　）　　　②（　　　）　　　③（　　　）

⑦　自転車通行ライン　　⑦　自動車速度制限の表示

⑦　体や目が不自由な人のための信号ボタン

(2)　市役所の人やけいさつしょの人が協力して、ようち園や小学校などで、横断歩道のわたり方や、自転車の安全な乗り方をしどうするものを何といいますか。

（　　　　　　　　）

ポイント けいさつしょの人の仕事や、安全を守るくふうをまとめよう。

2 交通事故や事件から人びとを守る③

もくひょう
安全にくらすためにたいせつなことをたしかめよう。

おわったらシールをはろう

教科書 120〜125ページ　答え 13ページ

1 地いきの人たちとともに

✎（　）にあてはまる言葉をあとの◻からえらびましょう。

よみトク！ しりょう　**子どもたちの安全を守る活動**

地いきの人が、子どもたちの①（　　　　　）の安全のため、通学路で②（　　　　　）をしている。また、気をつけてほしい事件のれんらくを受けたり、交通事故や事件がおきたられんらくしたりするなど、③（　　　　　）と協力して地いきの安全を守っている。

子どもが事件などにまきこまれそうなときにひなんできる家や店を④（　　　　　）という。

●⑤（　　　　　）は、地いきの人に交通安全をよびかける活動をしている。

交通少年団　　けいさつしょ　　登下校　　見守り　　緊急ひなんの家

2 市の安全を守るために／わたしたちにできること

✎（　）にあてはまる言葉をあとの◻からえらびましょう。

●けいさつしょ、市役所、地いきの人や学校が協力して、⑥（　　　　　）を守っている。

●交通事故や事件がおこりやすい場所や⑦（　　　　　）を知っておくことも、自分の安全を守ることにつながる。

●標語などを使って、**地いきの安全を守る**⑧（　　　　　）を多くの人に知ってもらうことで、安全のために活動する人をふやすことができる。

地いきの安全　　活動　　時間

しゃかいか工場　道路ひょうしきにはたくさんのしゅるいがある。案内をするひょうしきには青色、注意をするひょうしきには黄色、禁止をするひょうしきには赤色が多く使われているよ。

練習のワーク

教科書 120〜125ページ 答え 13ページ

1 次の問いに答えましょう。

(1) 次の①〜③の活動について、正しく説明しているものをあとからえらびましょう。
①（ ）②（ ）③（ ）

　㋐　事件にまきこまれそうになった子どもがひなんできる家や店である。

　㋑　子どもたちが事件や事故にまきこまれないように、登下校を見守っている。

　㋒　子どもたちが、地いきの人に交通安全をよびかける活動をしている。

(2) 地いきの安全を守る人びとの活動について、次のうち正しいものには〇、あやまっているものには×を書きましょう。

　①（ ）けいさつしょと地いきの人が協力して活動をしている。

　②（ ）登下校の見守りは、学校のPTAの人はおこなっていない。

2 次の問いに答えましょう。

(1) 右の図は、地いきの安全を守る活動についてまとめたものです。図中の①〜③にあてはまる言葉をそれぞれえらびましょう。

　①（ ）②（ ）③（ ）

　㋐　緊急ひなんの家

　㋑　交通安全教室

　㋒　パトロール

けいさつしょ
見守り活動や ① で協力
・交通事故のしょり
・地いきの ①
・交通ルールいはんの取りしまり
② や しせつのせっちで協力

地いきの人や学校
・見守り活動
・子どもがひなんできる ③

交通事故や事件から市の安全を守る

③ で協力

市役所
・カーブミラーのせっち
・学校などでの ②

(2) 地いきの安全を守るためにわたしたちにできることについて、次のうち正しいものには〇、あやまっているものには×を書きましょう。

　①（ ）いざというときは、人に助けをもとめず一人で行動する。

　②（ ）事件や事故がおこりやすい場所や時間などを知っておく。

ポイント **地いきの安全は、多くの人が協力して守っているよ。**

まとめのテスト

2 交通事故や事件から人びとを守る

とく点

/100点

おわったら
シールを
はろう

教科書 112〜125ページ 　答え 13ページ

時間 20分

1 身近な交通事故や事件 次の問いに答えましょう。

1つ5点〔30点〕

(1) 右の**グラフ**の説明として、正しいものには ○、あやまっているものには×を書きましょう。

① (　) 2016年から2020年にかけて、事件 の件数はへりつづけている。

② (　) 2018年からは、事件の件数が1500 件よりも少なくなっている。

③ (　) 2016年から2020年にかけて、事件 の件数が1000件よりも少なくなっ た年はない。

④ (　) 2016年の事件の件数は2000件をこえている。

府中市でおこった事件の件数

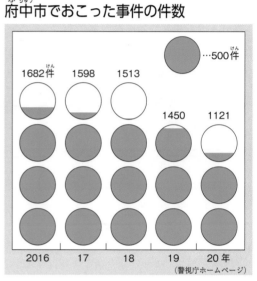

…500件

1682件　1598　1513

1450　1121

2016　17　18　19　20 年

(警視庁ホームページ)

(2) 交通事故がおき たときのれんらく のようすについて、 右の**図**から読み取 れること2つに○ を書きましょう。

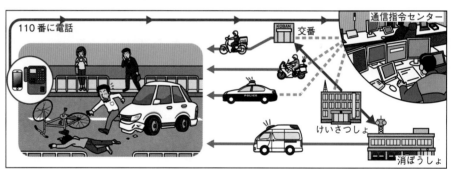

110番に電話

通信指令センター

交番

けいさつしょ

消ぼうしょ

㋐ (　) 110番のれんらくは、交番につながる。

㋑ (　) 救急車は、消ぼうしょから出動する。

㋒ (　) 交通しどう員が事故現場で交通整理をする。

㋓ (　) 通信指令センターは、パトロールカーや白バイへ無線でれんらくする。

2 けいさつしょの人の仕事 交番の人の仕事として正しいもの2つに○を書きま しょう。

1つ5点〔10点〕

㋐ (　) ふだんは地いきをパトロールして、地いきの安全を守っている。

㋑ (　) さいがいがおこったとき、消火活動をおこなっている。

㋒ (　) 交通事故がおきたとき、救急車でけが人を病院に運んでいる。

㋓ (　) 事件がおこったとき現場にかけつける。

㋔ (　) 交番では、落としものを受け取る仕事だけしている。

3 安全に登下校できるように **次の問いに答えましょう。** (4)は10点、1つ5点〔50点〕

(1) 次の①～④の交通事故をふせぐためのしせつやせつびの名前を、それぞれ書きましょう。

①（　　　　　　　） ②（　　　　　　　）
③（　　　　　　　） ④（　　　　　　　）

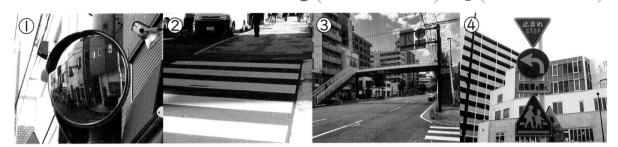

(2) 右の図は、学校のまわりで見つけた安全を守るしせつやせつびについてまとめた図です。(1)①の位置をしめしているものを図中の⑦～①からえらびましょう。

（　　　　）

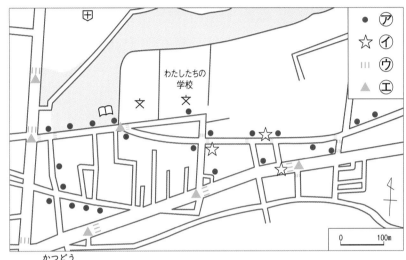

(3) 次の①～③の話にあてはまる活動を、あとからそれぞれえらびましょう。

①（　　　）　小学校などで、自転車の安全な乗り方をしどうしているよ。

②（　　　）　事故にあわないように、地いきの人が通学路に立っているね。

③（　　　）　地いきの人に交通安全をよびかける活動などをしているよ。

⑦　交通少年団　　　　④　きけんな場所のパトロール　　　⑦　見守り活動
①　交通安全教室

(4) 「緊急ひなんの家」とは、どのような場所ですか、かんたんに書きましょう。

（　　　　　　　　　　　　　　　　　　　　　　　　　　　　　　　　　）

4 市の安全を守る **地いきの安全は、「けいさつしょ」、「市役所」、「地いきの人や学校」などが協力して守っています。次の取り組みは、どことどこが協力しておこなっていますか。あとからそれぞれ2つえらびましょう。** 1つ5点〔10点〕

(1) 見守り活動やパトロール　　　　　　　　（　　　　と　　　　）

(2) 交通事故をふせぐためのしせつやせつびのせっち　　（　　　　と　　　　）

⑦　「けいさつしょ」　　④　「市役所」　　⑦　「地いきの人や学校」

71

未来につなげる〜わたしたちの SDGs〜

きほんのワーク

① まちをみんなで安全にしていくために

✎ （ ）にあてはまる言葉をあとの ▭ からえらびましょう。

● 身のまわりの橋やトンネルなどのしせつは①（ ）がたつことでこわれやすくなってくる。

　◆ 10年後の日本では、けんせつされてから②（ ）年以上たつ橋が、

　③（ ）をこえると予想されている。

● 神奈川県相模原市では、こわれたせつびを④（ ）につうほうできるしくみがある。

50　　市役所　　時間　　半分

よみトク！SDGs：こわれたところやあぶないところをつうほうするしくみ

市民がきけんだと思うところの、⑤（ ）をとる。

市役所のたんとうの人が、こわれたせつびを⑧（ ）。

市民

「パッ! 撮るん。」
きけんだと思ったないようを
えらんで、写真を送る。
☑ 道路にかんけいすること
☑ 川にかんけいすること
☑ マンホールなどにかんけいすること
☑ 公園などにかんけいすること
☑ ほうち自転車にかんけいすること

市役所

とった写真を⑥（ ）をりようして送ると、その場所やこわれかたが、⑦（ ）の人につたわる。

● こわれたせつびがないか、すみずみまでかくにんするために、市に住む人たちの⑨（ ）がたいせつである。

協力　　写真　　アプリ　　市役所　　直す

しゃかいか工場 つうほうアプリには、体が不自由な人が音声を使わずにけいさつにれんらくすることができるアプリなどもあるよ。

勉強した日　月　日

できた数

／10問中

おわったら
シールを
はろう

練習のワーク

教科書 126〜127ページ　答え 14ページ

1 次の問いに答えましょう。

(1) 10年後の日本では、つくられてから何年以上たつ橋が半分をこえると考えられているか、次からえらびましょう。　　　　　　　　　　　　　　（　　　）

⑦　10年以上　　　④　30年以上　　　⑨　50年以上　　　㊀　70年以上

(2) 次の図は神奈川県相模原市で使われている「パッ！撮るん。」のしくみをあらわしています。図中の⑥、⑤にあてはまる言葉をそれぞれ書きましょう。

⑥（　　　　　　　　　）　⑤（　　　　　　　　　）

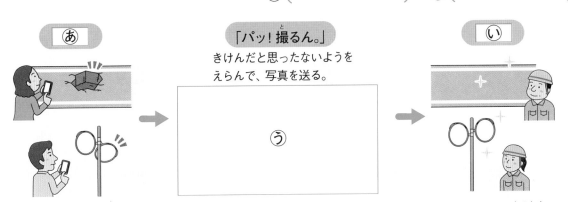

「パッ！撮るん。」
きけんだと思ったないようを
えらんで、写真を送る。

⑥

⑤

⑤

(3) (2)の図中の ⑤ にあてはまる、「パッ！撮るん。」で送ることができる写真のれいとして、正しいものには〇、あやまっているものには×を書きましょう。

①（　　　）ほうち自転車にかんけいすること。

②（　　　）きれいなけしきにかんけいすること。

③（　　　）きけんな道路にかんけいすること。

④（　　　）地いきの祭りにかんけいすること。

⑤（　　　）公園のこわれたせつびにかんけいすること。

2 まちの安全を守り、SDGsの目標を達成するための取り組みとして正しいものを、次から2つえらびましょう。　　　　　　　　　　　　　（　　　）（　　　）

⑦　道路にあなが開いているのを見かけたら消ぼうしょにつうほうすること。

④　こわれたせつびは、地いきの人が協力して自分たちで直すこと。

⑨　広い市のすみずみまでかくにんするために、市に住む人びとが協力すること。

㊀　市役所は、地いきのこわれたせつびを見つけるため、日ごろから地いきの見回りをおこなうこと。

ポイント　まちの安全を守る取り組みについて調べよう

ぼうグラフの読み取り方

もくひょう 〉
ぼうグラフの見方やかき方をおぼえよう。

おわったら
シールを
はろう

きほんのワーク

教科書 136、141、142、145、147、153、156ページ

答え 15ページ

1 ぼうグラフの読み取り方

✏ ( )にあてはまる言葉や数字をあとの◻︎からえらんで、ぼうグラフの読み取り方をたしかめましょう。

●ぼうグラフの①( )をたしかめる。
　◆たてじくと横じくが何をあらわしているか、たしかめる。

●最大と最小の②( )を読み取る。
　◆全体の③( )のようすを読み取る。

●読み取ったことから、④( )を出し、予想を立てる。

| 表題 数 ぎもん へんか |

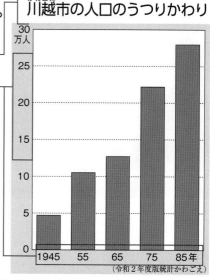

高速道路が通ったころの
川越市の人口のうつりかわり

(令和2年度版統計かわごえ)

よみトク！ 図 ぼうグラフの読み取り方

●たてじくは、川越市をおとずれた
　⑤( )の数をしめしている。

●横じくは、⑥( )をしめしている。

●1990年の観光客の数は、⑦( )万人をこえている。

●2019年の観光客の数は、⑧( )万人をこえている。

●2019年の観光客の数は、1990年とくらべて、およそ⑨( )倍となっている。

●1990年から2019年にかけ、川越市をおとずれる観光客は⑩( )つづけている。

観光
その地いきのけしきやたてものを見物すること。

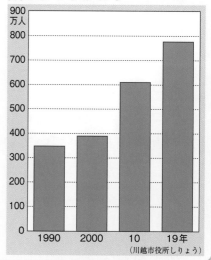

川越市をおとずれた観光客の
数のうつりかわり

(川越市役所しりょう)

| 2 観光客 ふえ 300 年 700 |

しゃかいか工場 日本には、外国から多くの観光客がおとずれているんだ。2019年には3000万人をこえる人びとが日本をおとずれたよ。

練習のワーク

できた数

／9問中

おわったら
シールを
はろう

教科書 136、141、142、145、147、153、156ページ　答え 15ページ

1 右の表は家の仕事にかかる時間のうつりかわりをまとめたものです。また、右のグラフはこの表をもとにしてつくったぼうグラフです。記入されている「1976年」のグラフにならって、ほかの年の女の人の、家の仕事にかかる時間をそれぞれぼうグラフにかきましょう。

1日のうちで家の仕事にかかる時間のうつりかわり
（単位：時間）

年	女	男
1976年	3.18	0.08
1996年	2.47	0.11
2016年	2.31	0.20

（数字でみる日本の100年　第7版）

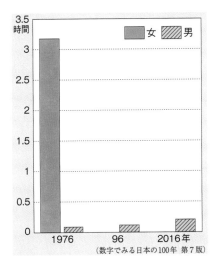

（数字でみる日本の100年　第7版）

2 右のグラフについて、次の問いに答えましょう。

(1) 次の表の数値をもとに2010年のグラフの65才以上の部分をかき足して、グラフを完成させましょう。

年	65才以上の人口
2010年	7万人

（川越市役所しりょう）

これからの川越市の人口のうつりかわり

※2030年からは予想　（川越市役所しりょう）

(2) 2010年〜2050年のグラフのうち、15〜64才の人口がもっとも多い年と少ない年をそれぞれ書きましょう。

もっとも多い年　（　　　　　年）

もっとも少ない年（　　　　　年）

(3) 完成したグラフから読み取れることとして正しいものには○、あやまっているものには×を書きましょう。

① (　　) 2020年から2040年にかけて、65才以上の人口はふえつづける。

② (　　) 2030年から2050年にかけて、15〜64才の人口はへりつづける。

③ (　　) 人口が30万人以下になるのは、2050年からである。

④ (　　) 14才以下の人口が5万人以上であるのは、2020年だけである。

ポイント ぼうグラフを使うと、年ごとのちがいがわかりやすい。

1 うつりかわる市とくらし①

きほんのワーク

もくひょう
あかりのれきしや昔の交通のようすをたしかめよう。

おわったらシールをはろう

教科書 128〜133ページ   答え 15ページ

1 博物館の見学

✏ （ ）にあてはまる言葉をあとの ◻ からえらびましょう。

● ①（   ）には、川越に城があったころの
② （   ）や、市の昔のようすがわかる写真などがてんじされている。

● 川越は、③（   ）から城を中心にさかえており、多くの商人や町人が住んでいた。

> **江戸時代**
> 今からおよそ420年前から160年前の時代で、当時は武士が日本をおさめていた。

よみトク！ しりょう　あかりの道具のうつりかわり

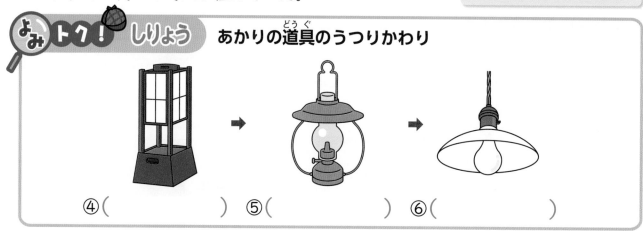

④（   ）　⑤（   ）　⑥（   ）

あんどん　博物館　電とう　石油ランプ　江戸時代　もけい

2 市が大きくかわった時期

✏ （ ）にあてはまる言葉をあとの ◻ からえらびましょう。

● 江戸時代の川越では、⑦（   ）を使って、
江戸（今の東京都）とのあいだで人やものを運んだ。

● 今からおよそ130年前から80年前にかけて、
⑧（   ）ができて、まちのようすが大きくかわった。

● 今からおよそ50年前の1973（⑨（   ）48）年に、⑩（   ）が
できたあと、しだいに今の川越市の形になった。

昭和　鉄道　ふね　高速道路

しゃかいか工場　川越市は川越城とよばれるお城のもとでさかえたまちなんだ。このようなまちを城下町というんだよ。

練習のワーク

教科書 128～133ページ　答え 15ページ

できた数

／10問中

おわったら
シールを
はろう

1 **博物館の見学について、次の問いに答えましょう。**

(1) 博物館にてんじしてある、昔のまちのようすやふねなどを、じっさいの大きさ
よりもちぢめてつくったものを何といいますか。　　　（　　　　　　　　）

(2) 次の①～③の道具の説明を、あとからそれぞれえらびましょう。

①（　　　）　　　　　②（　　　）　　　　　③（　　　）

⑦　木と紙でつくられ、中の皿に油を入れ、火をともして使った。

⑦　ガラスが使われるようになり、ねんりょうも石油になった。

⑦　火を使わずに、スイッチだけで部屋を明るくできるようになった。

(3) 今からおよそ420年前に始まり、160年前に終わった時代を何といいますか。
（　　　　　　　　）

2 **川越市の昔の交通のようすについて、次の問いに答えましょう。**

(1) 右の絵にえがかれた、人やものを運ぶ
ふねがつく場所のことを何といいますか。
（　　　　　　　）

(2) 次の①、②の時期を、あとからそれぞ
れえらびましょう。

①（　　）高速道路ができたころ

②（　　）鉄道が通ったころ

　　あ およそ130年から80年前　　い およそ50年前

(3) 年につけられた明治、大正、昭和、平成、令和などのよび名を何といいますか。
（　　　　　　　）

(4) (3)のよび名について、高速道路が通った1973年のころは何とよばれていますか。
（　　　　　　　）

ポイント　博物館では、昔のまちや道具のようすがわかる。

1 うつりかわる市とくらし②

きほんのワーク

勉強した日　月　日

もくひょう
鉄道が通ったころのようすをたしかめよう。

おわったら
シールを
はろう

教科書 134～139ページ　答え 15ページ

---

1 鉄道が通ったころ～交通のようす～

✎ （　　）にあてはまる言葉をあとの □ からえらんで、川越を通る鉄道についてまとめましょう。

鉄道の広がり

東上鉄道 1916年にできる　川越電気鉄道 1906年にできる

川越市　川越

川越鉄道 1895年にできる　　1940年にできる

0　3km

●わずか①（　　　　　　　）年ほどのあいだに、川越には３つの鉄道が通るようになった。

　◆②（　　　　　　　）では東京まで１日かかったが、鉄道で③（　　　　　　　）ほどで行けるようになった。

> 20　　1時間　　ふね

---

2 鉄道が通ったころ～人口や公共しせつのようす～／鉄道が通ったころ～人びとのくらし～

✎ （　　）にあてはまる言葉をあとの □ からえらびましょう。

●鉄道が通ったころには、だんだんと④（　　　　　　　）がふえていった。

　◆町役場や図書館のような⑤（　　　　　　　）しせつがつくられるようになった。

よみトク！ 図 **鉄道が通ったころに使われていた道具**

⑧（　　　　　　　）

⑥（　　　　　　　）　⑦（　　　　　　　）　⑨（　　　　　　　）

●今からおよそ120年前、川越で⑩（　　　　　　　）が使われるようになった。

●今からおよそ130年前、多くの家がもえる⑪（　　　　　　　）があった。

　◆火事に強い**くらづくり**の店がたちならぶようになった。

> 人口　電気　火ばち　石油ランプ　大火事　せんたく板とたらい　かまど　公共

しゃかいか工場 日本では、明治時代から電気が使われるようになったよ。電気を使う道具があまり発明されていなかったので、ふつうの家ではあかりをともすためだけに使われていたんだ。

練習のワーク

できた数

／10問中

おわったら
シールを
はろう

教科書 134〜139ページ　答え 16ページ

1 次の問いに答えましょう。

(1) 右の図中からさいしょにできた鉄道の名前をえらびましょう。　（　　　　　　　）

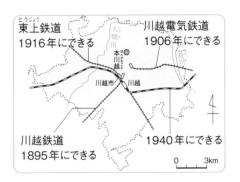

東上鉄道 1916年にできる
川越電気鉄道 1906年にできる
本川越
川越市　川越
川越鉄道 1895年にできる
1940年にできる
0　3km

(2) 鉄道が通ったことによるへんかについて、正しいものには○、あやまっているものには×を書きましょう。

①（　　　）鉄道が通ったことで、東京まで1日近くで行けるようになった。

②（　　　）鉄道が通ったことで、川越に住む人がふえた。

2 次の問いに答えましょう。

(1) 鉄道が通ったころの川越のようすとして、正しいものには○、あやまっているものには×を書きましょう。

①（　　　）川越市がたん生し、人口がふえた。

②（　　　）町役場や図書館などの公共しせつがつくられた。

③（　　　）小学校のたてものは、今と同じものがたてられた。

(2) 鉄道が通ったころ、食事のときに使われていた、右の絵のような、中に一人分の食器が入っている箱を、何といいますか。　（　　　　　　　）

(3) 右のくらづくりのたてものの①〜③のとくちょうを、次からそれぞれえらびましょう。

①（　　　）②（　　　）③（　　　）

⑦ 階だんのようになっていて、とびらをしめたときに空気やけむり、火が入りにくい。

① 火事のとき、ここに立ってすきまに土をぬることができる。

⑦ 屋根を守るための、中は空どうのせの高い棟で、しっくいがぬられている。

ポイント　鉄道が通ったころには、市の人口が大きくふえた。

まとめのテスト

1　うつりかわる市とくらし①②

教科書　128〜139ページ　　答え　16ページ

時間 **20** 分

1　市のうつりかわり　次の問いに答えましょう。

1つ5点〔20点〕

よく出る

(1)　右の①〜③のあかりの道具について、①古いじゅんにならべましょう。

（　　　➡　　　➡　　　）

① 　② 　③

(2)　川越と江戸（東京）をむすんだふねについて、正しいものには〇、あやまっているものには×を書きましょう。

①（　　　）川越から江戸（東京）まで約1日で着いた。

②（　　　）ふなつき場は、今からおよそ130年前から80年前にかけてできた。

③（　　　）鉄道がふえたあとも人やものを運ぶために使われつづけた。

思考

2　鉄道が通ったころ　地図1、2をくらべて、正しいものには〇、あやまっているものには×を書きましょう。

1つ5点〔20点〕

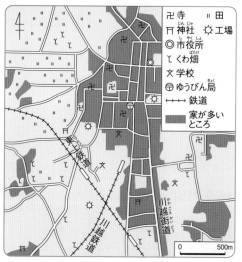

地図1　鉄道が通る前

地図2　鉄道が通った後

(1)（　　　）地図1になかった工場や学校が、地図2では見られる。

(2)（　　　）地図1では川越街道ぞいにはまったく家がなかったが、地図2では多くの家が集まっている。

(3)（　　　）地図1では田が広がっていたが、地図2では道路やくわ畑になっているところがある。

(4)（　　　）地図2で川越鉄道が通っているところには、地図1では家が多く集まっていた。

3 鉄道が通ったころの人口　次の問いに答えましょう。　　　　　1つ5点〔20点〕

(1) 右の**グラフ**について、正しいものには○、あやまっ
ているものには×を書きましょう。

①（　　　）1925年の人口は、1885年の人口の2倍以
上である。

②（　　　）1925年の人口は、4万人をこえている。

③（　　　）1915年の人口は、1905年の人口よりも少
なくなっている。

(2) **グラフ**のころには、多くの人が川越に住むように
なりました。川越に住む人がふえた理由を「交通」
という言葉を使って、かんたんに書きましょう。

（　　　　　　　　　　　　　　　　　　　　　　　　　）

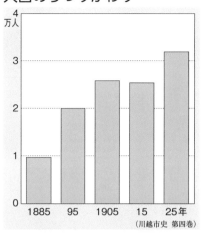

鉄道が通ったころの川越市の
人口のうつりかわり

（川越市史 第四巻）

4 鉄道が通ったころの人びとのくらし　次の問いに答えましょう。　1つ5点〔30点〕

(1) 鉄道が通ったころについて、次の文中の①～③にあてはまる言葉を書きましょ
う。　　　　　　①（　　　　　　）　②（　　　　　　）　③（　　　　　　）

●川越には、電車を走らせるための ① ができた。

●家には水道がなかったため、水は ② からくみあげていた。

●多くの家では、家族そろってはこぜんの前にすわって ③ をしていた。

(2) 鉄道が通ったころに
使われていた、①～③
の道具の名前を書きま
しょう。

①（　　　　　　）

②（　　　　　　）　③（　　　　　　　　　）と（　　　　　　　　　）

 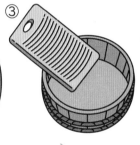

5 大火事がおこったころ　次の問いに答えましょう。　　　　　1つ5点〔10点〕

(1) 右の**グラフ**は、大火事でやけた家の数をしめして
います。やけた家の数にいちばん近いものを、次か
らえらびましょう。　　　　　　　　　　（　　　）

㋐　500戸　　㋑　1000戸

㋒　1300戸　　㋓　1800戸

□…川越町の家の数（100戸）
■…やけてしまった家

3315戸

（川越市立博物館しりょう）

(2) 大火事とかかわりが深い町なみのへんかを次からえらびましょう。　（　　　）

㋐　くらづくりのたてものがふえた。　　㋑　高速道路ができた。

㋒　ふなつき場がふえた。　　　　　　　㋓　公共しせつがつくられた。

1 うつりかわる市とくらし③

もくひょう
高速道路ができたころのようすをたしかめよう。

おわったらシールをはろう

きほんのワーク

| 教科書 | 140〜143ページ | 答え | 17ページ |

1 高速道路が通ったころ〜交通のようす〜

✎ （ ）にあてはまる言葉をあとの◻からえらんで、高速道路が通ったころのようすをまとめましょう。

よみトク！ 地図 **高速道路が通ったころの地図**

● およそ50年前に、川越市に、

①（   ）が通り、

②（   ）やかん

じょう線もつくられた。

◆ 1960〜80年代には、

③（   ）がつく

られ、工業がはったつした。

◆ ④（   ）が多く

走り、じゅうたいがおきた。

| 自動車 | バイパス | 工業団地 | 高速道路 |

2 高速道路が通ったころ〜人口や公共しせつのようす〜

✎ （ ）にあてはまる言葉をあとの◻からえらびましょう。

● 1955（⑤（   ）30）年に、川越市が大きな市になったこともあり、市の⑥（   ）がさらにふえた。

● 1972年には7階まである今の⑦（   ）がたてられた。

◆ ⑧（   ）や公民館などの⑨（   ）もさらにひつようになった。

高速道路が通ったころの川越市の人口のうつりかわり

30万人

25

20

15

10

5

0
1945 55 65 75 85年
（令和2年度版統計かわごえ）

| 小学校 | 市役所 | 昭和 | 人口 | 公共しせつ |

しゃかいか工場 日本でさいしょの高速道路ができたのは1963（昭和38）年で、長さはおよそ72kmだったんだ。そのあと高速道路はのびて、2023（令和5）年にはおよそ12000kmになったよ。

練習のワーク

勉強した日▶ 　月　　日

できた数

／10問中

おわったら
シールを
はろう

教科書 140～143ページ 　答え 17ページ

1 次の問いに答えましょう。

(1) 川越市に高速道路が通ったころのようすについて、正しいものには○、あやまっ
ているものには×を書きましょう。

① (　　　) 川越市の人口がへりはじめた。

② (　　　) バイパスやかんじょう線のような道路もつくられた。

③ (　　　) 道路のせいびは進んだが、自動車の数はへっていった。

(2) 川越市に高速道路が通ったころの次の①～③の写真や絵の説明を、あとからそ
れぞれえらびましょう。　　　　　　　　　① (　　　) ② (　　　) ③ (　　　)

 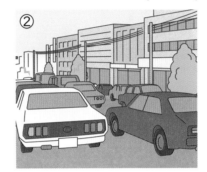 

⑦　自動車の数がふえ、道路がじゅうたいするようになった。

⑦　駅の近くに百貨店がつくられ、屋上には遊園地があった。

⑦　せい品をつくるためにひつようなせつびを整えた工業団地がつくられた。

2 右のグラフを見て、次の問いに答えましょう。

(1) 右のグラフについて、このころの人口のうつりかわ
りの理由として正しいものには○、あやまっているも
のには×を書きましょう。

① (　　　) 高速道路が通ったことで、交通の便がよく
なったから。

② (　　　) 市がまわりの村と一つになり、大きな一つ
の市になったから。

③ (　　　) 大きな7階だての今の市役所がたてられた
から。

(2) グラフのころ多くたてられた、市役所、学校、公民
館などのしせつを何といいますか。

(　　　　　　　　　　)

高速道路が通ったころの川
越市の人口のうつりかわり

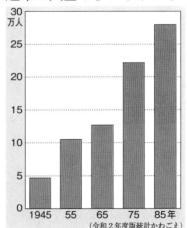

（令和2年度版統計かわごえ）

ポイント 道路のせいびが進むとともに、人口がふえ、工業がはったつした。

1　うつりかわる市とくらし④

もくひょう：川越市の今のようすについてたしかめよう。

おわったらシールをはろう

教科書 144〜147ページ　答え 17ページ

1　高速道路が通ったころ〜人びとのくらし〜

（　）にあてはまる言葉をあとの　からえらびましょう。

よみトク！図　**せんたくきと電気がまのうつりかわり**

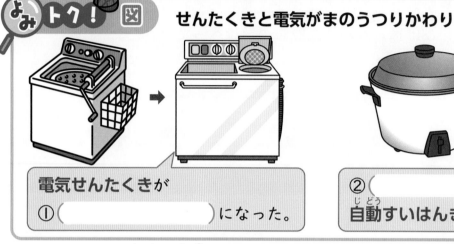

電気せんたくきが①（　　　）になった。

②（　　　）が自動すいはんきになった。

●およそ70年前には、部屋のあかりとして③（　　　）が、だんぼうの道具として石油ストーブがよく使われた。

●およそ50年前には、部屋のあかりとしてけい光とうが、れいぼうの道具として④（　　　）が使われることがふえた。

　電とう　　ニそう式せんたくき　　クーラー　　電気がま

2　川越市の今

（　　）にあてはまる言葉をあとの　からえらびましょう。

●げんざいの人口は、およそ⑤（　　　）で、新しい高速道路や、⑥（　　　）のまわりの町もせいびされている。

●これから先、川越市の人口は、⑦（　　　）と予想されている。

　◆⑧（　　　）の数がふえて、
　⑨（　　　）の人口がへっている。

　15〜64才　お年より　35万人　駅　ふえていかない

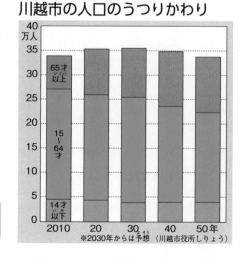

川越市の人口のうつりかわり

※2030年からは予想（川越市役所しりょう）

しゃかいか工場　パソコンやけいたい電話がたくさんの人に使われ始めたのは1990年代からなんだ。スマートフォンが使われるようになったのは、もっと最近だよ。

勉強した日 ▶ 月 日

できた数

／10問中

おわったら
シールを
はろう

練習のワーク

教科書 144～147ページ 答え 17ページ

1 右の表を見て、次の問いに答えましょう。

(1) 表中の①、②にあて
はまるものを、次から
それぞれ2つずつえら
びましょう。

	およそ70年前	およそ50年前
おもに使われ ていた道具	・電とう ・電気せんたくき ・ ①	・二そう式せんたくき ・自動すいはんき ・ ②

①(   )(   ) ②(   )(   )

 ⑦   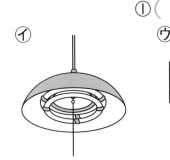 ⑦   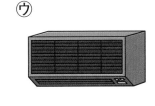 ⑦    ⑦

(2) 表中の道具が広まったことで人びとのくらしはどのようにうつりかわりました
か。次からえらびましょう。 (   )

⑦ せんたくなどの家の仕事にかかる時間がへった。

⑦ ちゃぶ台というつくえを使って食事をとるようになった。

⑦ 服そうが今のような洋服にかわった。

⑦ 自動車が買えるようになった。

2 次の問いに答えましょう。

(1) 次の①～④の道具にあてはまる言葉を、それぞれえらびましょう。

①(   ) ②(   ) ③(   ) ④(   )

⑦ 電気をむだに使わないエアコン   ⑦ ドラム式せんたくき

⑦ いろいろなたき方ができるすいはんき   ⑦ LED照明

(2) 今の川越市でふえている年れいの人を、次からえらびましょう。 (   )

⑦ 65才以上の人   ⑦ 15～64才の人   ⑦ 14才以下の人

ポイント 道具やこれからの人口のへんかをたしかめる。

85

1 うつりかわる市とくらし⑤

もくひょう
川越市の歴史と未来についてたしかめよう。

おわったらシールをはろう

きほんのワーク

教科書 148～155ページ | 答え 17ページ

---

1 年表にまとめる

✎ ( )にあてはまる言葉をあとの □ からえらびましょう。

よみトク！ 表 川越市のれきし（かわごえ）

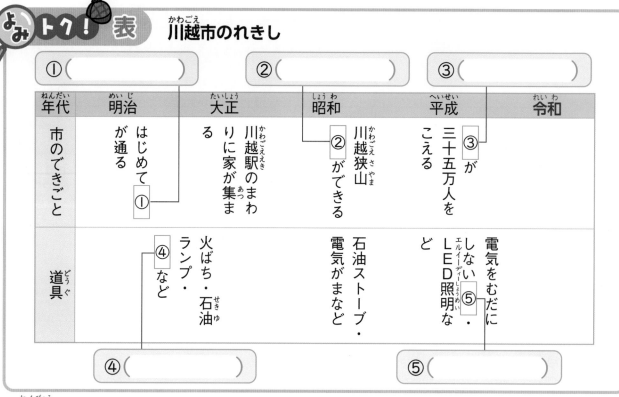

① ( )
② ( )
③ ( )

年代（ねんだい）	明治（めいじ）	大正（たいしょう）	昭和（しょうわ）	平成（へいせい）	令和（れいわ）
市のできごと	① がはじめてが通る	川越駅（かわごええき）のまわりに家が集まる	② ができる 川越狭山（かわごえさやま）	③ が三十五万人をこえる	
道具（どうぐ）	④ 火ばち・石油（せきゆ）ランプ・ など		石油ストーブ・電気がまなど	LED（エルイーディーしょうめい）照明など	⑤ ・電気をむだにしない

④ ( )
⑤ ( )

●**年表（ねんびょう）のつくり方** ➡ いつ、どんなことがあったか見つけ、テーマごとにたんざくカードに書く。 ➡ ⑥( )じゅんにならべ、ならべたものを**年表**にはる。

古い かまど エアコン 人口 工業団地（こうぎょうだんち） 鉄道（てつどう）

2 市の取り組み／未来の川越市

✎ ( )にあてはまる言葉をあとの □ からえらびましょう。

●市の仕事（しごと）は、市民（しみん）からの⑦( )でおこなっており、人口が少なくなると、ひつような⑧( )ができなくなってしまう。

◆**町なみを守る活動**（まもる・かつどう）などを進めて（すすめて）⑨( )をふやすなど、市役所（しやくしょ）と地（ち）いきの人びとが川越市のみりょくをつたえるどりょくをしている。

サービス 観光客（かんこうきゃく） ぜい金（きん）

しゃかいか工場 「令和」は、今から1000年以上（いじょう）前にまとめられた『万葉集』（まんようしゅう）という和歌集（わかしゅう）をもとに決められた元号（げんごう）だよ。英語（えいご）では、「美しい調和（ちょうわ）」という意味（いみ）だと説明（せつめい）されているんだ。

練習のワーク

教科書　148〜155ページ　　答え　17ページ

できた数　　／10問中

おわったらシールをはろう

1 川越市のできごとについてまとめた次の年表の①〜⑤にあてはまる言葉を、あとからえらびましょう。

①（　　　　　）　②（　　　　　）
③（　　　　　）　④（　　　　　）　⑤（　　　　　）

年代	明治	大正	昭和	平成
市のできごと	・発電所ができる ・はじめて鉄道が通る	・川越 ② になる	・まわりの村といっしょになり、大きな市になる	・人口が三十五万人をこえる
くらし	・はじめて ① がつく ・大火事がおこる		・ ④ をもつ家がふえる ・電気がまなどの ③ を使い始める	・ ⑤ の数がふえはじめる

市　　電気せい品　　お年より　　電とう　　自動車

2 今の川越市について、次の問いに答えましょう。

(1) 市役所の取り組みについて、正しいものには〇、あやまっているものには×を書きましょう。

①（　　　）市役所は、市民に対してぜい金をしはらっている。

②（　　　）鉄道やバスで地いきどうしをむすぶことをはたらきかける。

③（　　　）駅のそばに市の手つづきや子育ての相談ができるしせつをつくった。

(2) 右の①、②について、あてはまる説明を、次からそれぞれえらびましょう。

①

②

㋐ かんばんをはずし、電線をうめて、くらづくりの町なみがよく見えるようになった。

㋑ およそ370年前からつづく祭りで、たくさんの観光客がおとずれる。

ポイント できごと、くらし、道具を年表にまとめてみる。

87

まとめのテスト

1　うつりかわる市とくらし③〜⑤

とく点

/100点

教科書　140〜155ページ　　答え　18ページ　　時間 20分

1　**高速道路が通ったころ**　右のグラフは、埼玉県の自動車の数をあらわしています。次の問いに答えましょう。

1つ5点〔50点〕

(1)　**グラフ**から読み取れることとして、正しいものには〇、あやまっているものには×を書きましょう。

①（　　　）1966〜1976年のあいだより1976〜1986年のあいだの方が、自動車の数は大きくふえた。

②（　　　）自動車の数が150万台をこえたのは、1976年からである。

③（　　　）1976年も1986年も、10年前にくらべて自動車の数はふえている。

④（　　　）1986年の自動車の数は、250万台をこえている。

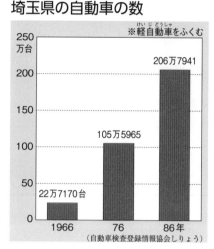

埼玉県の自動車の数

※軽自動車をふくむ

250万台

206万7941

105万5965

22万7170台

1966　76　86年

（自動車検査登録情報協会しりょう）

(2)　**グラフ**のようにかわったことでおきたことを、次からえらびましょう。（　　　）

㋐　川越市がまわりの村といっしょになり、一つの大きな市になった。

㋑　自動車がたくさん走るようになり、じゅうたいがふえた。

㋒　発電所ができて、工場などで電気が使われるようになった。

㋓　くらやしきの店が多くたちならぶようになった。

(3)　**グラフ**のころ工場を集めるために市内につくられた、せい品をつくるための道路や水道などのせつびを整えたところを何といいますか。（　　　　　　）

(4)　**グラフ**のころに多くたてられた、学校、市役所、公民館、市民会館、武道館などのしせつをまとめて何といいますか。（　　　　　　）

(5)　**グラフ**の1970〜80年代（およそ50年前）によく使われた道具を、次から2つえらびましょう。（　　　）（　　　）

㋐　　　㋑　　㋒　　㋓　

記述▶
(6)　電気せい品が使われるようになると、家の仕事はどのようにかわりましたか。かんたんに書きましょう。

（　　　　　　　　　　　　　　　　　　　　）

2 川越市の今　次の問いに答えましょう。

(1) 川越市の今の交通の説明（せつめい）として、正しいもの2つに○を書きましょう。

⑦（　　）ふねを使って、東京都（とうきょうと）へ1日近くで行くことができるようになった。

⑦（　　）駅（えき）のまわりが新しくなり、歩く人のための通路（つうろ）ができた。

⑦（　　）近くを通る高速道路（こうそくどうろ）が、新しい高速道路とつながった。

⑦（　　）はじめて高速道路が通り、バイパスやかんじょう線もできた。

(2) 今のくらしで使われている道具であ
る右の�、�について、次の文の①、
②にあてはまる言葉（ことば）を、それぞれ書き
ましょう。

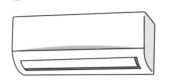

①（　　　　　　　）②（　　　　　　　）

●�のエアコンは、　①　をむだに使わないくふ
うがされている。

●�のすいはんきは、いろいろな　②　ができる
きのうがある。

(3) 右の**グラフ**は、それぞれ「65才以上（いじょう）」、「15～
64才」、「14才以下（いか）」に区（く）切られています。次の
話を読み、「65才以上」のうつりかわりをあら
わしているところをすべてぬりつぶしましょう。

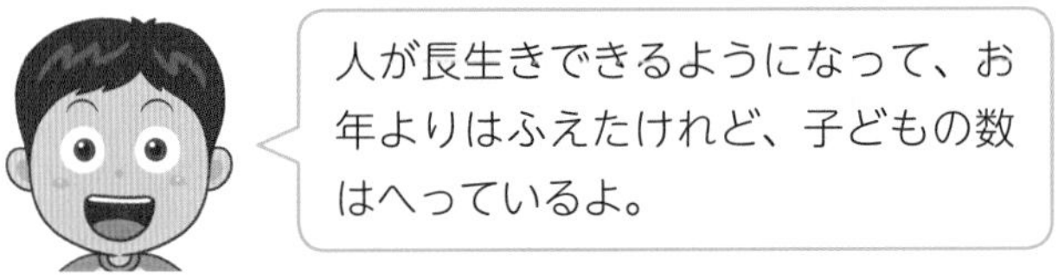

人が長生きできるようになって、お
年よりはふえたけれど、子どもの数
はへっているよ。

これからの川越市の人口のうつりかわり

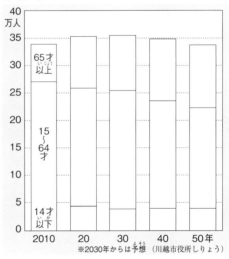

※2030年からは予想（よそう）　（川越市役所しりょう）

3 市の取り組み　次の問いに答えましょう。

(1) 国や都道府県（とどうふけん）、市（区）町村の運（うん）えいのために、国民（こくみん）・住民（じゅうみん）から集（あつ）めるお金を
何といいますか。　　　　　　　　　　　　　　　　　（　　　　　　　　　　　）

(2) 市の取（と）り組みとして、正しいものには○、あやまっているものには×を書きま
しょう。

①（　　）店や病院（びょういん）などが多いところから、それらが少なくてくらすには不自由（ふじゆう）
なところに、うつり住（す）んでもらえるようにしえんをしている。

②（　　）小さい子どもをあずかるしせつをつくったり、子育（こそだ）てにべんりなじょ
うほうをつたえたりしている。

③（　　）鉄道（てつどう）やバスなどをへらして、行きたいところには自動車で行きやすい
ようにしている。

④（　　）市に住む外国の人がりようできる日本語教室をふやした。

89

4 市のようすとくらしのうつりかわり

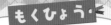

未来につなげる～わたしたちの SDGs～

きほんのワーク

教科書 156～157ページ 　答え 19ページ

もくひょう・
だれもが出かけやすい
まちづくりへの取り組
みをたしかめよう。

おわったら
シールを
はろう

---

1 だれもが出かけやすいまちづくり

✎ （　　　）にあてはまる言葉をあとの　　からえらびましょう。

● 三重県津市は、2006（①（　　　　　　　　　　）18）年に
②（　　　　　　　　　　）の市町村がいっしょになり、とて
も広くなった。

● ③（　　　　　　　）を運転することができない
④（　　　　　　　　）がふえており、出かけにくいまち
になりつつある。

津市のはんいの広がり

もともとの津市
2006年に津市
になったところ

亀山市　鈴鹿市　芸濃　安濃　美里　河芸　津　伊賀市　久居　白山　名張市　一志　美杉　松阪市　一番良洲　奈良県

0　　10km

| お年より | 平成 | 自動車 | 10 |

よみトク！SDGs 町の交通について

⑤（　　　　　　　　　）が、大きなま
ちに出ていき、⑥（　　　　　　　　）
がへっている。

市と⑦（　　　　　　　　　）が協力
して、⑧（　　　　　　　　　）
を運行している。

白山地いきの人口のうつりかわり

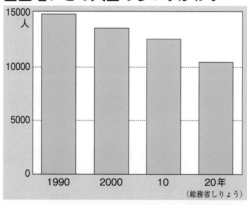

コミュニティバス

● 津市では自動車の運転ができないと、⑨（　　　　　　　　）や病院に行きにくい
地いきが多いので、コミュニティバスはとてもたいせつである。

| 交通会社 | わかい人 | コミュニティバス | 買い物 | 人口 |

しゃかいか工場　いくつかの市町村がいっしょになって一つの市になることを「市町村合併」といい、
2005年ごろに多くの合併がおこなわれたよ。

練習のワーク

教科書 156〜157ページ 　答え 19ページ

1 次の問いに答えましょう。

(1) 現在の三重県津市についての説明として、正しいものを次からえらびましょう。

（　　　）

⑦ 2006（平成18）年に10の市町村に分かれたことで、とてもせまくなった。

⑦ 白山地いきは、わかい人がふえたことで、人口がふえつづけている。

⑦ 自動車が運転できないお年よりには、出かけにくいまちになりつつある。

⑦ 開発が進んでいて、自然が少ないところである。

(2) 右の**グラフ**について、正しいものには〇、あやまっているものには×を書きましょう。

①（　　）人口が、10000人よりも少なくなった年はない。

②（　　）1990年から2020年にかけて人口はへりつづけている。

③（　　）2020年の人口は、1990年の人口のおよそ半分である。

④（　　）人口が、15000人よりも多かった年はない。

白山地いきの人口のうつりかわり

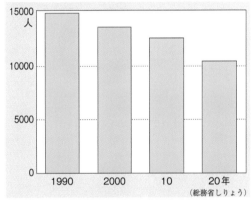
（総務省しりょう）

(3) 右の津市のコミュニティバスについてまとめた**カード**について、 ① 〜 ④ にあてはまる言葉を、次からえらびましょう。

①（　　）②（　　）③（　　）④（　　）

⑦ 料金　　⑦ だれが

⑦ どこ　　⑦ いつ

津市のコミュニティバスについて

①	2010年に、今の名前になる。
②	津市と交通会社が協力して運えいしている。
③	バス会社のバスが走っていない地いきを走る。
④	おとな1回200円、お年よりは「シルバーエミカ」を見せれば無料。

2 津市のような市内の交通をせいびする取り組みにもっともかかわりの深いSDGsの目標を、次からえらびましょう。

（　　　）

⑦ 目標7「エネルギーをみんなに　そしてクリーンに」

⑦ 目標11「住み続けられるまちづくりを」

⑦ 目標14「海の豊かさを守ろう」

⑦ 目標16「平和と公正をすべての人に」

ポイント だれもが出かけやすいまちづくりについて調べよう

道具のうつりかわり

きほんのワーク

1 昔の道具

✎ （　）にあてはまる言葉をあとの　　からえらび、表を完成させましょう。

よみトク！ 表　せんたく・すいはん・だんぼうの道具のうつりかわり

	およそ100年前	およそ70年前	今
道具			
名前	①（　　　）	電気せんたくき	②（　　　） せんたくき
道具			
名前	③（　　　）	電気がま	いろいろなたき方ができる ④（　　　）
道具			
名前	⑤（　　　）	⑥（　　　）	電気をむだに使わない ⑦（　　　）

● およそ50年前には、⑧（　　　）せんたくきや、⑨（　　　）すいはんきが使われるようになった。

エアコン　かまど　ドラム式　火ばち
石油ストーブ　二そう式　すいはんき　せんたく板とたらい　自動

しゃかいか工場　今では、火を使わずにちょうりできるIH調理器（電じ調理器）を使っている家もあるね。強いじしゃくの力で、なべやフライパンを熱くすることができるんだ。

練習のワーク

教科書 138〜147ページ　答え 19ページ

1 次のせんたくの道具について、あとの問いに答えましょう。

　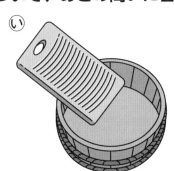　

あ　　　　　　い　　　　　　う

(1)　あ〜うのせんたくの道具がよく使われていた時期を、次からそれぞれえらびましょう。　　　　　　あ（　　　）　い（　　　）　う（　　　）

　⑦　今からおよそ100年前　　④　今からおよそ70年前　　⑦　今

(2)　あ〜うのせんたくの道具が使われていたころは、どのようなくらしでしたか。次からそれぞれえらびましょう。　　あ（　　　）　い（　　　）　う（　　　）

　⑦　スイッチ1つで機械が家の仕事をやってくれる、べんりなくらし。

　④　道具を使うのに、こつや、くふうがひつようで時間がかかるくらし。

　⑦　せんたくやそうじなどの家の仕事に時間がかからなくなってきたくらし。

2 右の道具について、次の問いに答えましょう。

(1)　右の絵は何をするための道具ですか。

　●（　　　　　　　　　）をたくための道具。

(2)　右の道具は、50年くらい前の同じ道具にくらべて、どのようにべんりになりましたか、正しいもの1つに〇を書きましょう。

　⑦（　　）いろいろなたき方をえらべるようになった。

　④（　　）かまどの火にかわって電気が使われるようになった。

　⑦（　　）時間をセットして、自動でたけるようになった。

3 今のくらしで使われているLED照明について、次の{　　}のあてはまる言葉に〇を書きましょう。

　●LED照明は、それまでの電とうにくらべて、電気代が①{ かかる　かからない }。また、電球を交かんするまでの期間が②{ 長い　短い }。

 **ポイント** 今使われている道具と昔の道具のちがいをおさえる。

読み取る

もくひょう

さくいんの使い方や地図のあらわし方を覚え、地図帳を活用しよう。

おわったら
シールを
はろう

教科書 158～159ページ　　答え 20ページ

① 地図帳の使い方

次の（　　）にあてはまる言葉や数字をあとの　　からえらびましょう。

よみトク！ 地図　さくいんを使って、姫路市をさがす

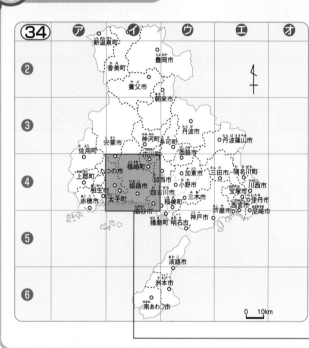

びほろ	美幌［北海道］	……………	60 イ2
ひみ	氷見［富山］	……………	41 エ4
ひめじ	姫路［兵庫］	……………	34 イ4
ひめしま	姫島［大分］	……………	23 イ3
ひゅうが	日向［宮崎］	……………	23 カ5

●**地名**をさがすときは、**地図帳**の
　①（　　　　　　　　）を引くとよい。

●さくいんでは、地名が
　②（　　　　　　　　）じゅんにならんで
　いる。

●姫路市は、③（　　　　　　　）ページ
　のこの部分をさがすとよい。

●地図の色は④（　　　　　　　　　）
　と土地の高さをしめしている。

　◆茶色の部分は⑤（　　　　　　　　）、
　こい黄色の部分は
　⑥（　　　　　　　　）である。

●県の名前は⑦（　　　　　　　　）
　文字で書かれている。

　◆川や海にかんけいする地名は
　⑧（　　　　　　　　）文字で書
　かれている。

1500m
1000m
500m
200m
100m
50m
0m
200m
1000m
陸の高さ
海の深さ

博多湾
福岡
多々良川
瑞梅寺川
室見川
那珂川
福岡県

市街地	畑
工業地	果樹園
田	森林、公園
	そのほか

赤い　　青い　　34　　50音　　さくいん　　市街地　　山　　土地りよう

しゃかいか工場　地図帳のさくいんは後ろの方にあることが多いよ。さがしたい地名がないときは、にている地名を参考にして地図上をさがしてみよう。

練習のワーク

教科書 158〜159ページ 　答え 20ページ

1 次の問いに答えましょう。

(1) 次の①〜③にあてはまるところを、右の**地図**中の⑦〜⊆からえらびましょう。

① 家や店が多いところ。 （ 　 ）

② 土地が高いところ。 （ 　 ）

③ うめ立ててつくられたところ。 （ 　 ）

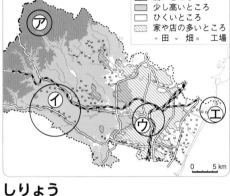

凡例：
- 高いところ
- 少し高いところ
- ひくいところ
- 家や店の多いところ
- 田 ・ 畑 ・ 工場

0　　5 km

作図

(2) **しりょう**は地図帳のさくいんの「の」のこうもくの一部です。下線部はページのどこにありますか。右の**図**のあてはまるところをぬりつぶしましょう。

	⑦	⑦	⑦
❶			
❷			
❸			
❹			

しりょう

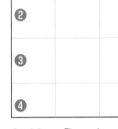

のおがた　直方 [福岡]	…	23 ア2
のぎ　野木 [栃木]	……	48 イ4
のせ　能勢 [大阪]	……	34 ウ2
のだ　野田 [千葉]	……	48 イ3
のだ　野田 [岩手]	……	57 ウ1

(3) 次の①、②の地名は、(2)の**しりょう**の何ページにのっていますか。

① 栃木県の「野木」（ 　 ）ページ　　② 岩手県の「野田」（ 　 ）ページ

思考

2 右の地図を見て、次の問いに答えましょう。

(1) 次の地名のうち、愛知県にあるものには〇、ないものには×を書きましょう。

①（ 　 ）美濃加茂

②（ 　 ）小牧

③（ 　 ）春日井

(2) **地図**中の⑥〜⑧の地名のうち、地図帳のさくいんに出てくるじゅんがいちばん早いものをえらびましょう。（ 　 ）

(3) 次の①〜③のさくいんにあてはまる地名やしせつを、あとの⑦〜⑦からえらびましょう。

① 33イ2（ 　 ）　　② 33ウ4（ 　 ）　　③ 33エ3（ 　 ）

⑦ 中部国際空港　　⑦ 豊田　　⑦ 四日市　　⊆ 名古屋城　　⑦ 大垣

ポイント 地図帳の見方をおぼえる。

地図を使ってチャレンジ！
プラスワーク

 知っている場所を調べて、日本地図にかいてみましょう。

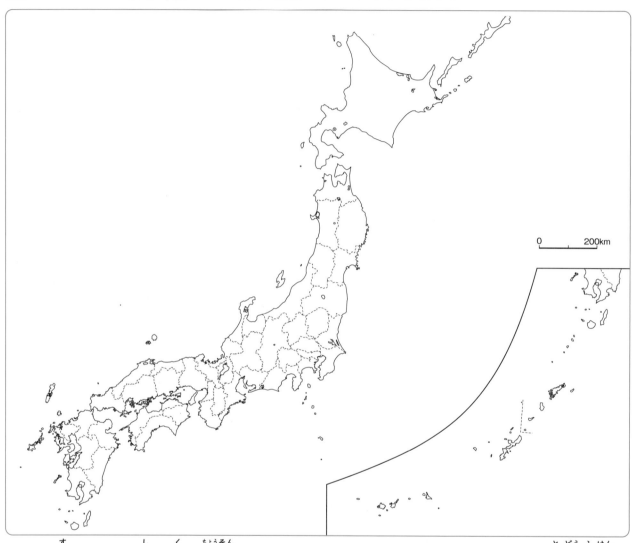

0　　　200km

① 住んでいる市（区）町村の名前を書きましょう。また、住んでいる都道府県の名前も書きましょう。

わからなかったら、調べたりおうちの人に聞いたりしてみよう。

市（区）町村（　　　　　　　　）

都道府県（　　　　　　　　）

② 住んでいる市（区）町村が都道府県のどこにあるか地図帳などで調べて、右のれいのように、地図のなかに〇をつけましょう。

③ おうちの人の生まれた場所など、ほかに知っている市（区）町村があれば同じように調べてみましょう。

れい

新宿区

夏休みのテスト②

1 工場ではたらく人びとの仕事

次の図を見て答えましょう。(1)は1つ5点、1つ10点〔50点〕

あ　パンの生地をこねる　やき上がりをかくにんする

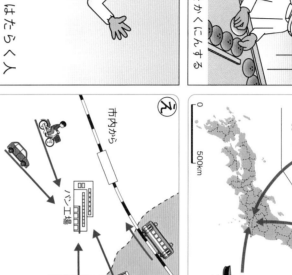
い　北海道 あずき／バター　こむぎ／沖縄県 さとう／アメリカ　0 500km

う　はたらく人

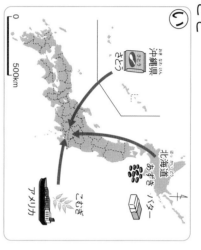
え　パン工場　市内から　ほかの市や町から

(1) あについて、次の文の{ }にあてはまる言葉に○を書きましょう。
生地をこねる作業など、力を使う作業の多くは{機械　人の手}でおこないます。いっぽうで、やき上がりのけんさなど{コンピューター　人の目}による作業も多いです。

(2) 次にあてはまるあんぱんの原料を、いの中からえらびましょう。
① パンの生地になる原料で、アメリカから取りよせている。（　　　）
② あんの原料で、北海道から運ばれてくる。（　　　）

(3) うは、工場ではたらく人の服そうです。パンの生地やあんの中にかみの毛を落とさないために、あんぱんの中に何を使ってはたらきに来ていますか。1つ書きましょう。
（　　　　　　　　　）

(4) えについて、パン工場ではたらく人のうち、市内から来る人は何を使ってはたらきに来ていますか。1つ書きましょう。
（　　　　　　　　　）

2 畑ではたらく人びとの仕事

次のカードを見て答えましょう。(3)は1つ5点、1つ10点〔50点〕

あ　ひりょうに虫がつかないように、トラクターで土をたがやす。

い　水をたくさんためた畑に、れんこんを植えつける。

う　れんこんに虫がつかないように、農薬をまく。

え　育ったれんこんのしゅうかくを始める。

(1) 次の農家の人それぞれの説明とかかわりが深いカード「あ」〜「え」からそれぞれえらびましょう。
① もうすぐ出荷するれんこんをきずつけないようにするために、手作業でおこなっています。（　　）
② 質のたかいれんこんを作るために、えいようがほうふな、やわらかい土をつくっています。（　　）
③ れんこんが病気になったり、食べられてしまったりするのをふせぐためにおこなっています。（　　）

(2) 右の絵は、しゅうかくしたれんこんが運ばれる場所で、品物をたくさん仕入れる人たちに売るしせつです。このしせつを何といいますか。（　　　　　　　）

(3) (2)かられんこんが運ばれる先について、正しいものに○を書きましょう。
(ア)（　）わたしたちの家
(イ)（　）やお屋
(ウ)（　）スーパーマーケット
(エ)（　）直売所

実力判定テスト 夏休みのテスト①

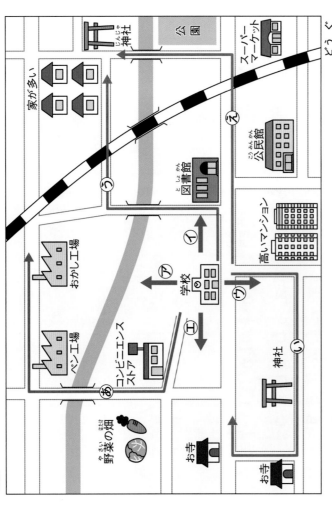

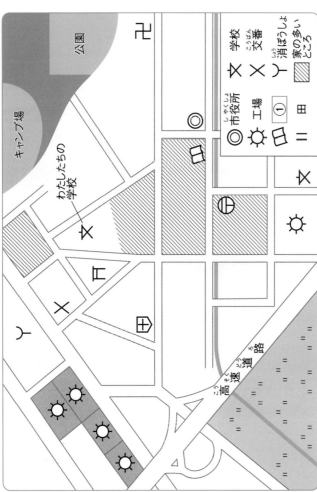

●勉強した日　月　日

名前

時間 30分

得点 /100点

教科書 8ページ～41ページ

答え 21ページ

おわったら シールを はろう

わたしたちの住んでいる市のようす①

1 次の地図を見て答えましょう。(3)は1つ5点、1つ10点[50点]

(1) 学校のまわりを見学したときに、右の絵の道具を使いました。

① この道具を何といいますか。（　　　）

② ①の道具の色がついたはりは、どの方位をさしていますか。（　　　）

(2) 右の絵は、学校の屋上から見たようすをかいたものです。⑦～①のどの向きから見てかいたものですか。（　　　）

(3) 次の2人は、地図中の⑥～⑧のどのコースで見学をしましたか。

① 線路をわたったあと、橋を通り、川の向こうがわに出ました。（　　　）

② 神社やお寺など、古くからあるたてものを調べました。（　　　）

(4) みんなのために市役所などがつくった公共しせつを、この地図中から見つけて学校のほかに1つ書きましょう。（　　　）

わたしたちの住んでいる市のようす②

2 次の地図を見て答えましょう。 1つ10点[50点]

(1) わたしたちの学校から見て、公園はどの方位にありますか。（　　　）

(2) 地図中の①の地図記号は何をしめしていますか。また、②ゆうびん局にあてはまる地図記号を地図中からさがして書きましょう。
①（　　　）　②（　　　）

(3) この市で工場が集まっているところについて正しく説明している文に○を書きましょう。

⑦（　）原料を船で運ぶのにべんりな海の近くに集まっている。

①（　）はたらく人が通うのにべんりな駅の近くに集まっている。

⑨（　）品物をトラックで運ぶのにべんりな高速道路の出入り口の近くに集まっている。

(4) この市の土地の高いところには、休みの日に多くの人がおとずれます。それはなぜですか。（　　　）

◎ 市役所　文 学校　☼ 工場　⊗ 交番　□ ①　Y 消ぼうしょ　‖ 田　家の多いところ

高いところ　少し高いところ　ひくいところ

冬休みのテスト①

●勉強した日　月　日

名前	得点
	/100点

時間 30分　教科書 74ページ～91ページ　答え 22ページ

店ではたらく人びとの仕事①

1 次の図を見て答えましょう。　1つ10点[50点]

家の人の買い物調べ

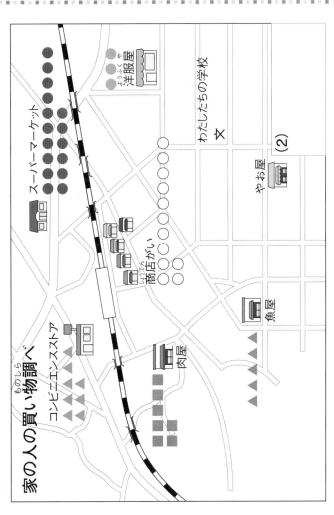

(1) 家の人が、もっとも多く買い物をした店はどこですか。
（　　　　　）

(2) 家の人は、学校の近くのやお屋で4回買い物をしています。ほかの店と同じように、地図中に■を書き入れましょう。

(3) やお屋・魚屋・肉屋などのいろいろな店が、通りのりょうがわなどに集まっているところを何といいますか。地図中からえらびましょう。
（　　　　　）

(4) コンビニエンスストアについて、あやまっている文に×を書きましょう。
ア（　）朝早くから夜おそくまで開いている店が多い。
イ（　）たくはいびんを送ることや、電気代などのしはらいもできる。
ウ（　）スーパーマーケットよりも広く、ねだんも安い。

(5) 次の絵の人は、スーパーマーケットとコンビニエンスストアのどちらではたらいていますか。
（　　　　　）

店ではたらく人びとの仕事②

2 次の問いに答えましょう。　1つ10点[50点]

(1) 次の絵は、スーパーマーケットのどのようなくふうにあたりますか。それぞれえらびましょう。

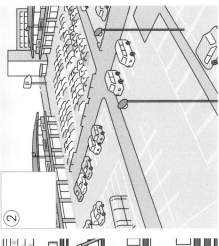
① （　　）

② （　　）

ア 車で買い物に来る人のためのくふう。
イ 子どもをつれて買い物をしたい人のためのくふう。
ウ 野菜を少しだけ買いたい人のためのくふう。

(2) 右の絵は、空きかんやペットボトルなどを回収するためのコーナーです。このコーナーを何といいますか。
（　　　　　）コーナー

(3) 次の図からわかること2つに○を書きましょう。

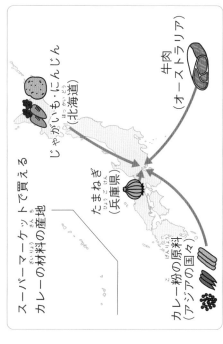

スーパーマーケットで買う
カレーの材料の産地

じゃがいも・にんじん（北海道）
たまねぎ（兵庫県）
牛肉（オーストラリア）
カレー粉の原料（アジアの国々）

ア（　）じゃがいもやにんじんは北海道から仕入れている。
イ（　）近くでとれた品物だけでカレーをつくることができる。
ウ（　）外国から仕入れている品物もある。
エ（　）たまねぎの産地はオーストラリアである。

名前 ｜ 教科書 94ページ～125ページ ｜ 答え 22ページ

時間 30分 ｜ 得点 /100点 ｜ 勉強した日 月 日 ｜ おわったら シールを はろう

火事から人びとを守る

1 次の図を見て答えましょう。 1つ10点【50点】

①

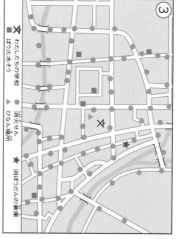
③

④

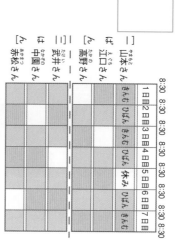
②

	8:30	8:30	8:30	8:30	
	山本さん	ひばし さん	江口さん		
1日目					
2日目					
3日目				高原さん	
4日目				武井さん	
5日目	休み				
6日目					
7日目				中国さん	赤松さん

(1) ①・②のしりょうを見て答えましょう。次からえらびましょう。

(1) ①・②のしりょうから、どのようなくふうがわかりますか。次からえらびましょう。

ア 火事の中でもやけどやけがをしないくふう。

イ 火事の電話をすぐに伝えるくふう。

ウ 消火に使う水をかくほするためのくふう。

エ 夜の火事にそなえて、交代ではたらくくふう。

(2) ③の地図は、まちの消火せつびをしめしたものです。地図中の消火せんにあてはまる写真を、次からえらびましょう。 （ ）

ア

イ

ウ

(3) ④の絵は、消ぼう隊員が器具から調べているようすです。これを何といいますか。 （ ）

(4) 消ぼうだんでは、地いきの人たちが協力しています。それはどんな考えによるものですか。

▶自分たちのまちは自分たちで（ ）という考え。

訓練　てんけん

交通事故や事件から人びとを守る

2 次の図を見て答えましょう。 1つ10点【50点】

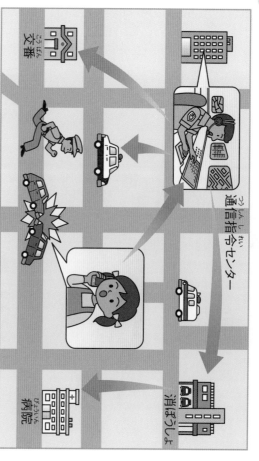

交番　通信指令センター　消ぼうしょ　病院

(1) 交通事故がおきたことをけいさつに知らせるときの電話番号は何番ですか。 （ ）

(2) (1)の電話が最初につながるところを、図中からえらびましょう。 （ ）

(3) 図中の交番につとめるけいさつしょの人の仕事にあてはまらないものに×を書きましょう。

ア（ ） 町のパトロールをおこなう。

イ（ ） けがをした人を救急車で病院に運ぶ。

ウ（ ） ぬすまれた自転車をさがす。

(4) 次のあ～えは安全を守るためのせつびです。図中のあ～えは自動車どうしの事故をふせぐためのものを、あ～えからえらびましょう。 （ ）

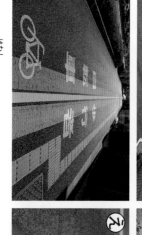
あ

い

え

お

(5) 次の話にあてはまる家や店を、何といいますか。 （ ）

私の店では、事件にまきこまれそうになった子どもたちが、ひなんできるようにしています。

名前　　　　　　得点　　／100点

時間 30分　教科書 8ページ〜155ページ　答え 23ページ

おわったらシールをはろう　勉強した日　月　日

1 3年生のまとめ①

1 次の地図を見て答えましょう。 1つ10点【50点】

（地図）卍　血　田　田　文　卍　×文
大きな通り／住たくが多い／消ぼうしょ
あ 文番の近く／い 見とおしの悪い暗い道／③ 信号のない交差点

(1) 次の2人の言葉は、上の地図とどの地図をくらべたものですか。あとからえらびましょう。

　①マンションや住たくが多い場所は、50年前は林だったよ。
　②東のほうの田が広がっているところは、ひくい土地なんだね。

(ア) 昔の地図
(イ) 県全体の地図
(ウ) 土地の高さがわかる地図

①（　）②（　）

(2) 地図中の消ぼうしょは、どのような地図記号でしめされますか。　□

(3) 消ぼうしょではたらく人の説明として正しいものに○を書きましょう。
(ア)（　）ふだんは自分の仕事をしているが、火事のときに消火や救助をおこなう。
(イ)（　）110番の通報をうけて、8分以内に現場に来る。
(ウ)（　）交代でやすむし、てんけんや訓練をかかさずにおこなう。

(4) □の地図中の□の部分で、安全な場所・あぶない場所をしめしたものです。あ〜うのうち、安全な場所にあてはまるものを1つえらびましょう。（　）

2 3年生のまとめ②

2 次の絵を見て答えましょう。 1つ10点【50点】

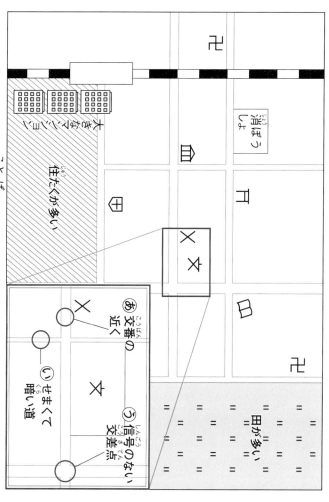

①こまつなをつくる人
②かまぼこ工場の人
③スーパーマーケットの人

(1) 上の①・②のはたらく人のぶぶんを、次からえらびましょう。
(ア)（　）ていねいに手をあらい、くつのうらまでしょうどくする。
(イ)（　）病気や害虫をふせぐために農薬をまいたりする。
(ウ)（　）品物の売れぐあいを調べ、仕入れをする。

(2) ③の絵で、スーパーマーケットが、売り場になならべられた食りょう品の賞味期限や消費期限をかくにんしているのはなぜですか。○を書きましょう。
(ア)（　）せんようの車場をつくったり、車いすのかし出しをしたりしている。
(イ)（　）店の近くにある学校の給食のこんだてをおいている。
(ウ)（　）リサイクルのために、空きかんやペットボトルなどを回収している。

(3) スーパーマーケットが、しょうひしゃのためにおこなっていることとして正しいものに○を書きましょう。
▼ 買ってもらうため（　）な食りょう品を
　おいしく（　）

(4) ①の農家の人が昔使っていた道具をいろいろと見学したいときは、どこに行くとよいですか。
(ア) 神社
(イ) 公民館
(ウ) 博物館
（　）

実力判定テスト　学年末のテスト①

●勉強した日　　月　　日

名前

得点　／100点

時間 30分

教科書 128ページ～155ページ

答え 23ページ

おわったらシールをはろう

② うつりかわる市とくらし②

2 次の問いに答えましょう。 1つ10点 [50点]

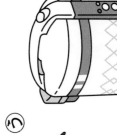 ⑥
 ⑥
 ⑥

(1) 上の絵は何をする道具のうつりかわりですか。
（　　）道具のうつりかわり。

(2) 上の絵の⑥にあてはまる道具の名前を次からえらびましょう。
（　　）

> いろり　ランプ　かまど

(3) 次の絵の道具の今の形を右からえらびましょう。

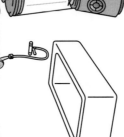 ⑦
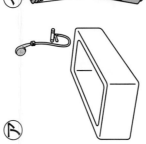 ⑥
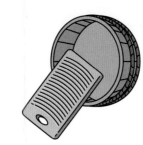 ⑦

(4) 道具がべんりになったことの説明として⭘を、まちがっているものに×を書きましょう。
⑦（　　）昔にくらべ、家事の時間が長くなった。
⑦（　　）スイッチをおすだけで使えるものがふえた。
⑦（　　）電気がないと使えないものがふえた。

(5) あかりのうつりかわりをしめした次の絵を、古い順にならべましょう。
（　　→　　→　　→　　）

 ⑩
 ⑩
 ⑦
 ⑦

① うつりかわる市とくらし①

1 次の地図を見て答えましょう。 1つ10点 [50点]

地図1 交通のうつりかわり
（70年前／今）

地図2 土地りようのうつりかわり
（70年前／今）
- 家や店の多いところ
- 田や畑の多いところ
- 工場の多いところ
- 森林

(1) 地図1からわかる70年間のうつりかわりとして、正しいものに⭘を書きましょう。
⑦（　　）はじめて鉄道が通り、道路もふえた。
⑦（　　）鉄道に新しく駅ができた。
⑦（　　）鉄道がふえて、合わせて2本になった。

(2) 地図2で、新しくできたうめ立て地は、おもに何に使われていますか。（　　）

(3) 地図1・2を見てわかることについて、次の出だしに続けて、かんたんに書きましょう。
▲70年のあいだに交通がべんりになったため、林や田畑が......（　　）

(4) 上の古い地図が書かれたのは、あとの年表中の⑦～⑩のどの時期ですか。（　　）

(5) 年表中の□にあてはまる元号を答えましょう。（　　）

大正	昭和	令和
100年前	50年前　　30年前	□　　　令和
市に鉄道が通る ⑦	せんそうが終わる ⑦　　できる地ができる ⑩	新しい駅ができる ⑩　　駅前に大きなビルがたつ ⑩
市のできごと		

実力判定テスト

かくにん！地図記号

時間 30分

●勉強した日　月　日

名前

得点 /100点

1つ5点【100点】

答え 24ページ

次の地図記号の意味を [ ] からえらびましょう。
教科書を見て、地図記号を調べよう。

記号	① ✕	② ◎	③ ○	④ ✕	⑤ ⊗
意味	（　）	（　）	（　）	（　）	（　）
もとになったもの	漢字の「文」という文字の形	太さがちがう二重丸	市役所よりも1つ少ない丸	2本のけいぼうが交わった形	2本のけいぼうが交わった形を丸でかこんだ

記号	⑥ Ψ	⑦ ⑪	⑧ 血	⑨ ⊕	⑩ 卍
意味	（　）	（　）	（　）	（　）	（　）
もとになったもの	昔使われていた、消ぼう用の道具の形	本を開いた形	博物館などのたてものの形をイメージしたもの	ゆうびんのマークを丸でかこんだ	赤十字のしるし

記号	⑪ 血	⑫ ☼	⑬ ☼	⑭ 日	⑮ ⊕
意味	（　）	（　）	（　）	（　）	（　）
もとになったもの	たてものの中にお年よりのつえをかいたもの	工場の機械に使われる歯車の形	発電機の部品の形をイメージしたもの	入り口にあるといいの形	ぶっきょうでようじをあらわす記号

記号	⑯ ⚓	⑰ ▬	⑱	⑲ Λ	⑳ ○
意味	（　）	（　）	（　）	（　）	（　）
もとになったもの	船のいかりの形	線路の形		たねからぬめを出してきたふぶた葉の形	くだものの切りかぶの形

くだもの畑
神社　学校　けいさつしょ　工場　交番　市役所
畑　鉄道　町村役場・区役所　寺　図書館　博物館・美じゅつ館　田
発電所・変電所　病院　港　ゆうびん局　老人ホーム
消ぼうしょ

社会3年　日文　④　オモテ

白地図で まちをつくろう！

時間 30分

名前

●勉強した日　月　日

答え 24ページ

おわったら シールを はろう

地図記号を使って、地図をつくってみよう。

1 次の白地図を使って、自分だけのまちをつくってみよう。

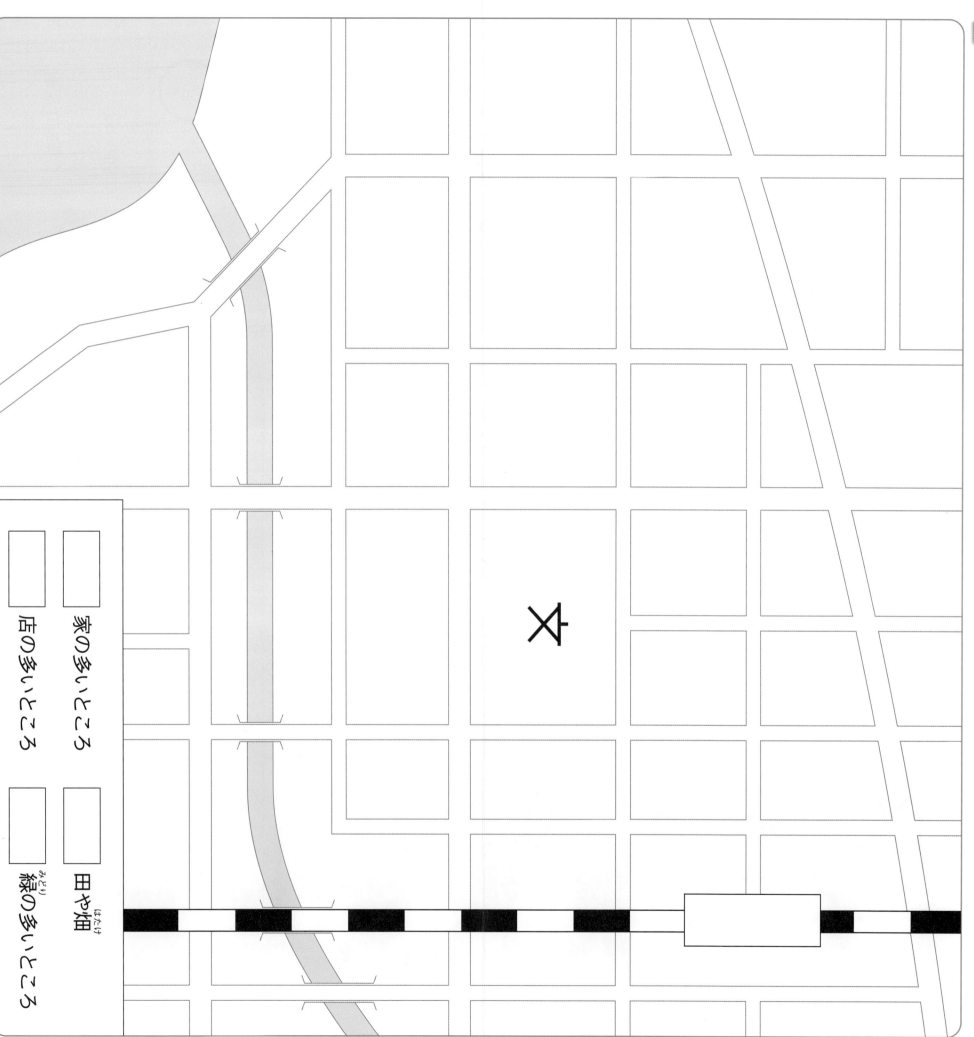

家の多いところ

店の多いところ

田や畑

緑の多いところ

・このページのうらにある地図記号もさんこうにして、さまざまな地図記号をかき入れましょう。

・「家の多いところ」「店の多いところ」「田や畑」「緑の多いところ」の色を決めて、色をぬりましょう。

・地図ができたら、中心の学校を出てまちをたんけんする道じゅんをかき入れましょう。たんけんコースの名前もつけましょう。

答えとてびき

「答えとてびき」は、とりはずすことができます。

日本文教版
社会 3年

---

1 わたしたちの住んでいるところ

2ページ きほんのワーク

❶ ①地図　②パンフレット
　③インターネット　④方位

❷ ⑤土地　⑥交通
　⑦方位じしん　⑧しゅくしゃく
　⑨平らな　⑩北

3ページ 練習のワーク

❶ (1)(省略)
　(2)〈例〉学校、図書館、博物館など
　(3)(省略)

❷ (1)⑦、⑦　(2)⑦　(3)しゅくしゃく

❸ (1)①北　②西　③東　④南
　(2)⑦
　(3)北

てびき ❷ (1)交通ルールは、どのようなときでも守るひつようがあります。また、たてものの場所をしめすときは、東西南北などの方位を使ってあらわすと説明しやすくなります。
　(2)学校のまわりを調べるときには、調べるのにひつような道具(ひっき用具や方位じしんなど)だけを持っていきます。
❸ (1)東は太陽がのぼる方向、西は太陽がしずむ方向です。
　(3)方位じしんの色のついたはりを北に合わせることで、自分が今どの方向を向いているかたしかめることができます。

4ページ きほんのワーク

❶ ①絵　②計画　③公民館
　④公共しせつ

❷ ⑤学校　⑥病院　⑦ゆうびん局
　⑧図書館　⑨神社　⑩寺

5ページ 練習のワーク

❶ (1)①⑦　②⑦　③⑦
　(2)公共しせつ

❷ (1)①○　②×　③○　④×
　(2)地図記号

てびき ❶ (1)②市役所は、市内に住む人たちの、市へのとどけ出の受けつけもしています。
❷ (1)①北をさすしるしが、どの方向をさしているかたしかめます。北をさすしるしがないときは、上が北をあらわします。②⑥の地図では色で学校の広さがわかります。④田や畑が多いところがわかるのは、⑥の地図です。

6・7ページ まとめのテスト

1 (1)①西　②東　(2)東
　(3)方位じしん　(4)北

2 (1)タブレット　(2)⑦、⑦
　(3)①しりょう　②北

3 ⑦、⑦

4 (1)📖　(2)しゅくしゃく
　(3)①×　②○　③×　④○
　　⑤○　(4)⑦

1 (1)体の正面が北を向いているので、右手が東、左手が西になります。

(2)太陽は東の方向からのぼり、西の方向にしずみます。

2 (2)⑦まちのようすを調べるときに、車道へ出てはいけません。①ビルの屋上から、たてもののしゅるいや数を正かくに調べることはできません。また、ビルなどのしせつには勝手に入らないようにしましょう。

3 公共しせつは、**学校や公園、図書館**などのように、みんなのために国や市などがつくったしせつのことをいいます。①のスーパーマーケットは、国や市ではなく会社の人がつくったしせつです。①の畑は農家の人が野菜などをつくるためのもので、みんながりようするためのしせつではありません。

4 (3)①ゆうびん局は、南にある学校の近くにあります。③店が多いところは、南にある学校の北がわや東がわに広がっています。

(4)土地のようすを色分けしてあらわす地図では、家などを一つずつかくひつようはありません。

なぞり道場	何回も書いてかくにんしよう！

ほう	い		
方	位	じ	しん

こう	きょう		
公	共	し	せつ

ち	ず	き	ごう
地	図	記	号

8ページ **きほんのワーク**
1 ①広い　②鉄道　③交通
④世界いさん　⑤観光
2 ⑥公共しせつ　⑦ぼうさいセンター
⑧ひなん　⑨管理
9ページ **練習のワーク**
1 (1)①×　②×　③○　④×
⑤×
(2)世界いさん
2 (1)①、①　(2)ぼうさい
(3)観光パンフレット

1 (1)②姫路駅の西がわには寺も神社も

あります。④姫路駅のまわりに博物館・美じゅつ館はありません。⑤姫路駅には、いくつかの鉄道が通っています。

2 (1)⑦バスや鉄道などがあてはまります。①ゆうびん局ではたらいている人の仕事です。

10ページ **きほんのワーク**
1 ①観光案内所　②町なみ　③神社
2 ④平らな　⑤田　⑥川
⑦ため池　⑧農業しんこうセンター
⑨日曜朝市
11ページ **練習のワーク**
1 (1)①米屋町　②金屋町　(2)さいがい
2 (1)①あ　②う　③い　④え
(2)①×　②○　③○

2 (1)①水不足になりやすいところでは、ため池が多くつくられています。③ふだんは、農業にひつような水は川から引いています。

(2)①農家に向けて野菜やくだもののなえを配る仕事は、農業しんこうセンターでおこなわれています。

12ページ **きほんのワーク**
1 ①自然　②道　③森林　④林業
2 ⑤工場　⑥うめ立て
⑦海岸線　⑧せい品
⑨港　⑩トラック
13ページ **練習のワーク**
1 (1)①○　②○　③×
(2)林業
(3)⑦
2 (1)①う　②あ　③い
(2)う
(3)工業

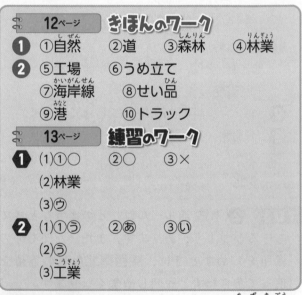

1 (1)③地図中には、学校の地図記号が見られます。

(3)あは、くだものの畑をしめしています。あ〜えの中でくだものにあてはまるのは、ゆずです。

2 (1)①海をうめ立てるための土は、山からトラックで運ぶなどして、もってきます。

(2)(3)海に近いところは、船でせい品や原料を運びやすいので、工業がさかんになりやすいです。

14ページ きほんのワーク

1 ①瀬戸内海　②人　③海底送水管
④漁業　⑤船

2 ⑥高さ　⑦記号　⑧川　⑨鉄道
⑩畑

15ページ 練習のワーク

1 ①○　②×　③○　④×　⑤○

2 (1)①田や畑　②山　③家や店
④工場
(2)土地りよう図

てびき **1** ②坊勢島には畑があります。④坊勢島には学校があります。

16・17ページ まとめのテスト

1 (1)①⑦　②⑦
(2)①○　②○　③○　④×
(3)さいがい

2 (1)①
(2)〈例〉水不足のときの農業用の水をためておく目的でつくられた。

3 (1)工場
(2)〈例〉海をうめ立てた土地だから。
(3)⑦、⑦

4 (1)ガイドマップ〔観光パンフレット〕
(2)⑦
(3)①×　②○　③×　④○
⑤○

てびき **1** (1)①と②のはんいで見られる地図記号に注目します。

2 (2)田や畑は多くの水をひつようとするので、日でりがつづきやすいところでは、水不足になっても田畑の作物がかれないように、池をつくって、ふだんから水をためています。ため池の中には何百年も前につくられたものもあります。

3 (1)地図のはんいで、海の近くにもっとも多く見られる地図記号に注目します。
(2)海をうめ立ててつくった土地は、海岸線がまっすぐになっていて、大きな船がとまりやすくなっているところもあります。このような海岸線が自然の力によってつくられることは、ほぼありません。

4 (2)山が多いところは、海の近くの平らな土地

にくらべて、土地の高さが高くなります。
(3)①・③川の上流ふきんにくらべて、下流ふきんのほうが住たく地が多いなど、土地によって、人びとのくらしにはちがいがあります。④「山にある森林の木をりようして仕事」とは林業のことです。

なぞり道場 何回も書いてかくにんしよう！

世	界	い	さ	ん		
観	光					

18ページ きほんのワーク

1 ①平城京　②たてもの
③観光客　④未来
⑤東大寺　⑥火事　⑦奈良公園
⑧シカ　⑨自然　⑩ＳＤＧs

19ページ 練習のワーク

1 (1)奈良市
(2)①×　②○　③×
(3)①⑦　②⑦

2 ①⑦　②⑦　③⑦

てびき **1** (2)①奈良に都があった時代は、今からおよそ1300年前です。③奈良市には昔からのたてものや自然が多くのこされています。
(3)①は東大寺の大仏殿、②は奈良公園のようすをしめしています。

2 ＳＤＧsは、17の目標を定めています。目標9には「産業と技術革新の基盤をつくろう」（「人びとのくらしをささえる仕事や新しいわざが生み出され、つづいていくための土台をつくろう」という意味）、目標11には「住み続けられるまちづくりを」、目標15には「陸の豊かさも守ろう」という目標がつけられています。

20ページ きほんのワーク

1 ①機械　②食りょう品
③プラスチック　④多い
⑤少ない
⑥スーパーマーケット
⑦せんもん店　⑧43　⑨19

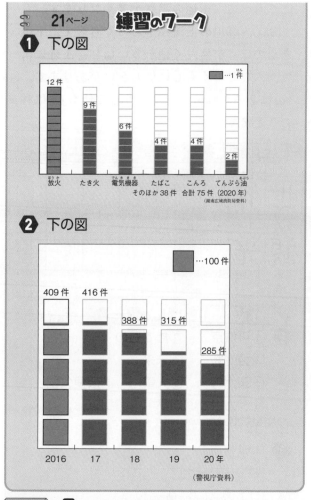

① 下の図

```
12件
       9件
            6件
                 4件  4件
                           2件      …1件
放火 たき火 電気機器 たばこ こんろ てんぷら油
              そのほか38件 合計75件（2020年）
                        （湖南広域消防局資料）
```

② 下の図

```
                              …100件
409件 416件
           388件 315件
                          285件

2016   17    18    19   20年
                        （警視庁資料）
```

てびき ① すべての■を同じ大きさにしてあらわします。放火と同じように、いちばん上の■の上に件数を書き入れましょう。

② 1つの■が100件なので、いちばん上の■のみ、ぬりつぶす大きさがちがいます。2017年のいちばん上の■は16件分なので、下の方を5分の1より少なめにぬりつぶします。同じように、2018年は88件分なので、5分の4より多めにぬりつぶします。2019年は15件分なので、5分の1より少なめにぬりつぶします。2020年分は85件分なので、5分の4より多めにぬりつぶします。

① ①学校　②交番　③消ぼうしょ
　④図書館　⑤田　⑥畑　⑦鉄道
　⑧寺　⑨工場　⑩神社

① ①くだもの畑　②市役所　③病院
　④しろあと

② ゆうびん局 ⊤　神社 Ħ

③ (1)①⑦　②⑦　③⑦　(2)⑦

てびき ① 市役所は、みんながイメージできるような道具などがないので、目立つ二重丸を地図記号にしたといわれています。

② ゆうびん局は、昔は「逓信省」という役所の仕事だったことから、地図記号はカタカナの「テ」の字がもとになっています。神社の地図記号は、とりいの形がもとになっています。

③ (2)○×駅のすぐそばには、交番（ ✕ ）が2つ見られます。

1 (1)土地りよう図　(2)⑦　(3)⑦

2 ①田　②工場　③消ぼうしょ
　④しろあと　⑤市役所　⑥交番

3 (1)① 田　② 文　③ 卍
　④ Ħ　⑤ ⊤　⑥ ∨
　(2)①かんたんで　②土地
　(3)①東　②南　(4)5

てびき 1 (2)①矢印のさす方向が北をしめしています。

　(3)同じたてものや土地りようが見られるときは、同じ地図記号を何度でも使えます。

3 (2)絵地図は、かく人によってたてものや土地りようをあらわす記号がちがってくるので、決まった地図記号を使うよりも、その記号が何をあらわしているのか、わかりにくくなります。

　(3)4方位は東西南北であらわします。

　(4)あの学校の北がわに2つ、南がわに2つの学校があります。

なぞり道場 何回も書いてかくにんしよう！

博	物	館				
はく	ぶつ	かん				

図	書	館				
と	しょ	かん				

2 わたしたちのくらしとまちではたらく人びと

① ①金ぞく　②海からはなれた
　③食りょう品　④かまぼこ工場
　⑤スーパーマーケット

② ⑥原材料　⑦住所　⑧部屋
　　⑨トラック

❶ (1)①■　②▲　③●
　　(2)①×　②○　③○
❷ (1)⑦
　　(2)①△　②○　③△　④○　⑤△

てびき ❶ (1)①かまぼこは食りょう品です。②プラスチックは、化学せい品なので、化学工場でつくられます。③電気器具は機械せい品です。
　(2)①化学工場は、海からはなれた道路ぞいにも見られます。
❷ (1)かまぼこのふくろのうらには、商品の名前や原材料名、商品の重さ、ほぞん方法、工場の名前などが書かれています。
　(2)①のかまぼこの原材料となる魚のしゅるいや、③のはたらくうえで気をつけていること、⑤のできあがったかまぼこが運ばれる先は、工場内を見学しただけではわからないことなので、インタビューして調べます。

❶ ①すり身　②味つけ　③形
　　④ねつ　⑤けんさ　⑥ほうそう
　　⑦出荷
❷ ⑧白い服　⑨えいせい
　　⑩ほこり　⑪ブラシ　⑫手ぶくろ

❶ (1)①⑦　②⑦　③⑦
　　(2)①○　②×　③○
❷ (1)⑦
　　(2)①○　②×　③○　④×

てびき ❶ (2)①計画をたてたら先生や家の人に相談したうえで、手紙や電話などで工場見学のおねがいをしましょう。②はたらく人のめいわくにならないように、スケッチやメモは時間をかけずにおこないます。
❷ (2)①工場でかまぼこをつくる作業をする人は、ぼうしや長ぐつも白いものを身につけています。②新しいせい品をつくるかどうか、会議で話し合って決めています。③新しいせい品は、まずためしにつくってみて、味などをたしかめます。

④工場によりますが、200しゅるい以上のせい品をつくっている工場もあります。

❶ ①海　②地下水　③トラック
　　④かんきょう　⑤きれい
❷ ⑥スーパーマーケット
　　⑦高速道路　⑧外国

❶ (1)①魚　②土地　③高速道路
　　(2)⑦、⑦
❷ (1)⑦、⑦
　　(2)①⑦　②⑦　③⑦

てびき ❶ (2)工場から出るよごれた水を、そのまま川に流すと、かんきょうによくありません。そのため、よごれた水をきれいにしてから川に流し、まわりのかんきょうを守っています。
❷ (2)かまぼこは飛行機などを使って外国に運ばれます。

❶ (1)インタビュー
　　(2)①⑦　②⑦
　　　　③⑦　④⑦
❷ (1)①⑦　②⑦
　　　　③⑦　④⑦
　　(2)①れいとうされて
　　　　②機械と人の力の両方で
❸ (1)⑦、⑦、⑦、⑦
　　(2)⑦
❹ (1)⑦
　　(2)①⑦　②⑦
　　(3)〈例〉まわりのかんきょうを守るため。

てびき ❶ (1)見学では、工場のせつびのようすや、工場ではたらく人のようすなどをたしかめます。インタビューでは、かまぼこの原料はどこから送られてくるのかなど、見ただけではわからないことをたしかめます。
❷ (2)①外国でつくられた原料は、せんどが落ちないように、れいとうされて送られてきます。②かまぼこの形にととのえるなどの作業は機械でおこない、完成したかまぼこのけんさなどは

5

人がおこないます。

3 (1)⑦めがねはひつようがあれば身につけますが、かまぼこ工場で作業をする人全員が身につけるひつようはありません。⑦工場ではたらく人は白いくつ（長ぐつ）をはきます。④ヘルメットはきけんな作業をするときに身につけるものです。工場では、せいけつさをたもつことがたいせつなので、白いぼうしを身につけます。

(2)はたらく人の体調を毎日かくにんし、せい品によくないえいきょうが出ないようにします。

4 (1)70年前にくらべると、今の工場は海から遠くへ移動していて、山の中にあります。今は広い土地やきれいな水が手に入るところに工場をつくって、トラックで原料を運び入れたり、できあがったせい品を運び出したりしています。

(3)工場から出るよごれた水や空気をそのまま外に出してしまうと、まわりのかんきょうによくないえいきょうをあたえます。そのため、よごれた水をきれいにしてから、川に流すようにしています。

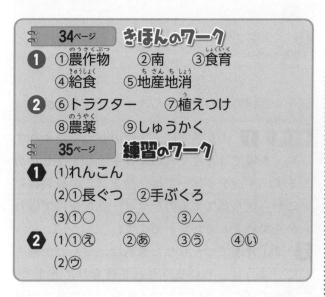

げん原	りょう料		き機	かい械	
しゅっ出	か荷		あん安	ぜん全	
かん	き	ょ	う		

なぞり道場 何回も書いてかくにんしよう！

34ページ きほんのワーク
1 ①農作物 ②南 ③食育
④給食 ⑤地産地消
2 ⑥トラクター ⑦植えつけ
⑧農薬 ⑨しゅうかく

35ページ 練習のワーク
1 (1)れんこん
(2)①長ぐつ ②手ぶくろ
(3)①○ ②△ ③△
2 (1)①え ②あ ③う ④い
(2)⑦

てびき **1** (2)れんこん畑には水がたまっているので、内がわに水が入らない服そうで作業をおこなっています。

(3)はたらいている人のようすや使われている道具についても見学して調べてみましょう。また、どのようにしてれんこんを作っているかや、農家の人が気をつけていることなどについては、聞いて調べてみましょう。

2 (1)①土づくりでは、トラクターとよばれる大きな機械を使って、畑をたがやします。②植えつけの作業は、人の手でおこないます。③農作物を食べてしまう害虫などがつかないように、農薬をまいています。④しゅうかくは、水のたまった畑に入っておこないます。

(2)たねれんこんどうしを近くに植えると、十分に大きく育たなくなってしまうので、かんかくに注意して植えています。また、カモはれんこんを食べてしまうので、ネットなどをはって畑に入れないようにしています。

36ページ きほんのワーク
1 ①かんたく地 ②土地のようす
③日光 ④水
2 ⑤おろし売り市場
⑥スーパーマーケット ⑦直売所
⑧きず ⑨真空パック
⑩インターネットはん売

37ページ 練習のワーク
1 (1)①かんたく ②うめ立て
(2)①、①
2 (1)①
(2)直売所
(3)①○ ②× ③× ④○
(4)トラック

てびき **1** (2)れんこんは、あたたかく、日光がよく当たり、水を手に入れやすいところで作られます。⑦のように、山がちな土地では日光が十分に当たらないので、れんこん作りには不向きな土地といえます。また、⑦のように、すずしいところもれんこん作りには向いていません。

2 (1)おろし売り市場では、れんこん畑から出荷されたれんこんの取り引きがおこなわれます。このとき、れんこんを買うことができるのは、

スーパーマーケットなどお店の人だけであり、わたしたちがおろし売り市場で買うことはできません。

(2)れんこん畑から直売所に出荷されると、おろし売り市場やスーパーマーケットを通さずに、わたしたちがそのままれんこんを買うことができます。直売所では、安くて新せんな農作物を買うことができます。

(3)しゅうかくしたれんこんは、水であらったあとにパックづめや箱づめがおこなわれ、その後に出荷されます。また、給食に使われるれんこんは、お店の人がおろし売り市場で買ったものをちょくせつ運んできます。

＜ 38・39ページ ＞ まとめのテスト
1 ⓘ
2 (1)①ⓘ ②ⓐ ③ⓤ ④ⓔ
(2)⑦
(3)①× ②× ③× ④○
3 (1)①○ ②× ③○ ④○
(2)〈例〉水をぬいてつくった土地。
(3)ⓘ (4)〈例〉へって
4 ⓐおろし売り市場
ⓘスーパーマーケット ⓤ直売所

てびき **1** ゆずはおもに、鉄道から遠い山の方で作られています。また、メロンは市の西の海に近い方でも作られており、いちごもその近くなどで作られています。

2 (1)①は土づくり、②は植えつけ、③は農薬をまく作業、④はしゅうかくがあてはまります。

(3)①冬にも、れんこんのしゅうかくをおこないます。②れんこん作りのときには、内がわに水が入らないように長い手ぶくろを身につけています。③長くしゅうかくできるように、畑によって、育てるれんこんのしゅるいをかえています。

3 (1)②工場は地図の南がわに広がっています。工場のまわりに、田は見られません。④姫路市のかんたく地は、地面がぬかるみすぎていて、あまり米が育たないため、れんこん畑としてりようされてきました。そのため、れんこん畑と田の広がるところは、ほとんど重なっていません。

(2)かんたく地は、海や湖のあさい所をていぼうでしきり、内がわの水をぬいて、新しくつくった土地です。

(3)れんこん作りには、日光がよく当たる、あたたかい場所が向いています。⑦れんこん作りには多くの水をひつようとするので、川に近いところで、れんこん作りがおこなわれています。⑤れんこん作りは、できるだけ土地の平らなところが向いています。⑤工場のまわりには、あまりれんこん畑は見られません。

4 ⓐおろし売り市場では、スーパーマーケットではたらく人などが、れんこんの仕入れ(店で売るために品物を買うこと)をしています。わたしたちは、ⓘのスーパーマーケットやⓤの直売所などの店でれんこんを買うことができます。

なぞり道場 何回も書いてかくにんしよう！
地 産 地 消
か ん た く 地
直 売 所

＜ 40ページ ＞ きほんのワーク
1 ①食りょう品 ②日用品
③いるい ④電気せい品
⑤たまご ⑥そうじき
2 ⑦コンビニエンスストア
⑧せんもん店 ⑨レシート
⑩日づけ
＜ 41ページ ＞ 練習のワーク
1 (1)⑦、⑤
(2)食りょう品、日用品
(3)⑤
(4)食りょう品
2 ①⑤ ②ⓘ ③⑤ ④⑦

てびき **1** (1)表の数字は、ある店で、とくていのしゅるいの品物を買った人数の合計をあらわしています。

(3)電気せい品は、「せんもん店」と「そのほか(インターネットなど)」で買われています。

(4)品物のしゅるいごとに、それぞれの店のところに書いてある数を合計します。食りょう品の合計は60、日用品の合計は26、いるいの合計は8、電気せい品の合計は3、そのほかの合計は13です。このことから、もっとも多く買われている品物のしゅるいは、食りょう品とわかります。

❷ ①Tシャツは、着るものなので、いるいがあてはまります。②ノートは、ふだんから使うものなので、日用品があてはまります。③せんたくきは、電気を使う機械なので、電気せい品があてはまります。④肉は、食べるものなので、食りょう品があてはまります。

42ページ　きほんのワーク

❶ ①いちど　②安心
　③ならべ方　④ねだん
　⑤品質　⑥ちらし

❷ ⑦しゅるい　⑧お買いどく品
　⑨つくりたて　⑩レジ

43ページ　練習のワーク

❶ ①○　②×　③○　④×　⑤○

❷ (1)①イ　②ウ　③ア
　(2)品質

てびき ❶ ①図中の売り場の左上のあたりに、文具と日用品のかんばんがならんでいます。②ひと目で店の人とわかるように、せい服を着ています。③日用品の売り場で、店の人が品物をたなにならべています。④レジはいくつか用意されています。⑤「おかし」、「お酒」など、品物の名前を大きく書いたかんばんがあります。

❷ (1)③アの「お買い得」とは、安く買えるという意味です。

44ページ　きほんのワーク

❶ ①インタビュー
　②服そう　③作業場
　④コンピューター
　⑤ねふだ　⑥トラック

❷ ⑦ご意見ボード
　⑧リサイクル
　⑨ちゅう車場

45ページ　練習のワーク

❶ (1)①ア　②ウ　③イ
　(2)①賞味期限　②消費期限
　(3)①×　②×　③○

❷ ①カート　②サービスカウンター
　③学校給食

てびき ❶ (1)①野菜をさまざまな大きさに切り分けて売ることで、一人ぐらしの人などが野菜をあまらせてすててしまうことがないようにくふうしています。②ねだんを安くすると、多くの人に買ってもらうことができます。

(2)賞味期限にくらべて、消費期限は短い期間になっていることが多いです。

(3)①作業場はつねにせいけつにし、定期てきにそうじをしています。②仕入れた魚は、れいとうせずにすぐにさばきます。

❷ ③「学校給食のこんだてと夕ごはんのこんだてが同じにならないようにしたい」というお客さんの意見をもとに、おかれています。

46ページ　きほんのワーク

❶ ①産地　②青森県　③山梨県
　④宮崎県　⑤トマト　⑥キャベツ
　⑦みかん

❷ ⑧買い物　⑨ねがい
　⑩くふう

47ページ　練習のワーク

❶ (1)①フィリピン、エクアドル
　②タイ、ブラジル
　(2)国旗
　(3)①産地　②仕入れる　③売る

❷ あウ　いア　うイ　えエ

てびき ❶ (1)外国から日本へ、さまざまなくだものが運ばれてきています。

(3)スーパーマーケットは、野菜や魚などを、日本の各地にある産地から仕入れています。また、スーパーマーケットは、仕入れた品物を、お客さんに売っています。

❷ スーパーマーケットは、お客さんから集まった意見をもとに、さまざまなくふうをしています。

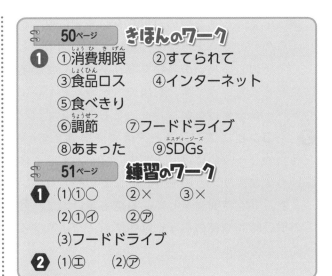

📎 48・49ページ まとめのテスト

1 (1)⑦、⑦
　(2)せんざい・シャンプー・文ぼう具に赤色をぬる。
　(3)①○　　②×　　③○
2 ①⑦　　②⑦　　③⑦
3 (1)①○　　②×　　(2)⑦、⑦　　(3)⑦
　(4)〈例〉リサイクルコーナーをつくり、空きかんやペットボトルを回収している。
4 (1)①北海道　②青森県
　(2)チリ　　(3)⑦、⑦

てびき 1 (1)スーパーマーケットでは、食りょう品や日用品などが多く売られています。
　(3)②図では「にく」と「さかな」は、ちがう売り場にあります。

3 (1)②そうざいは、できたてのものを売り場にならべるため、午後に売る分は午後につくるなど、くふうしています。
　(2)⑦魚は、新せんで安全なものを仕入れています。⑦魚はいたみやすいので、仕入れたらすぐにさばいてさしみにします。
　(4)リサイクルとは、使い終わったものを、もういちど使ったり、別のものにつくりかえたりすることをいいます。スーパーマーケットでは、リサイクルコーナーをつくって、空きかんなどを回収し、リサイクルを進めています。

4 (3)ねふだやちらし、だんボール箱には、その野菜やくだものについて、日本の何という都道府県が産地であるか、外国の何という国が産地であるかが書かれています。

📎 なぞり道場 🖌 何回も書いてかくにんしよう！

リ	サ	イ	ク	ル				
さん 産	ち 地							
しょう 賞	み 味	き 期	げん 限					
しょう 消	ひ 費	き 期	げん 限					

📎 50ページ きほんのワーク

1 ①消費期限　　②すてられて
　③食品ロス　　④インターネット
　⑤食べきり
　⑥調節　　⑦フードドライブ
　⑧あまった　　⑨SDGs

📎 51ページ 練習のワーク

1 (1)①○　　②×　　③×
　(2)①⑦　　②⑦
　(3)フードドライブ
2 (1)⑦　　(2)⑦

てびき 1 (1)③賞味期限が切れた食品はすてられてしまうことが多いです。
　(2)②「食べきり」の取り組みには、「お客さんのきぼうに合わせて料理のりょうを調節する」「ばら売りやはかり売りをする」などがあります。

2 ⑦は、食べ物が手に入らず、おなかがすいて苦しむ人がいないようにすること、⑦は、すべての人が電気などのエネルギーを安く安全にりようできるようにすること、⑦は、地球温暖化などによるひがいを少なくすること、⑦は、今の人びとも未来の人びとも、ものをつくって売ったり、買って使ったりすることをむりなく続けられるようにすることを目標としています。

📎 52ページ きほんのワーク

1 ①近所　　②自転車
　③インターネット
　④ショッピングモール
　⑤きんいつかかくショップ
　⑥夜　　⑦品物　　⑧たくはいびん
　⑨電気

📎 53ページ 練習のワーク

1 ①⑦　　②⑦　　③⑦　　④⑦
2 ①×　　②○　　③○
　④○　　⑤○　　⑥○

てびき 1 ①インターネットにつながるかんきょうならばどこからでも買い物ができます。②商店がいでは、お客さんに楽しんでもらうため店が協力して、福引きなどのイベントをおこなっています。③スーパーマーケットは、肉・魚・野菜などの食りょう品や、せんざい・シャン

プー・文ぼう具などの日用品をいちどに安く買えるのがとくちょうです。④せんもん店は、とくていのしゅるいの品物を取りあつかっているのがとくちょうです。お店の人からくわしいアドバイスを受けながら買うこともできます。

❷ ①コンビニエンスストアは小さな店ですが、品物のしゅるいはほうふです。②一人ぐらし向けの少ないりょうのそうざいなどが売られています。③24時間営業している店も多いので、朝の早い時間や夜のおそい時間でも、りようすることができます。

54・55ページ **まとめのテスト**

１ (1)①う ②い
(2)①れいぞう庫
②電気せい品 ③安く ④配たつ
(3)①う ②い ③え (4)あ

２ (1)ア、エ
(2)〈例〉ほとんどの品物が同じねだんで売られている。

３ (1)あたくはいびん い銀行 う料金
えおべんとう
(2)イ、エ
(3)〈例１〉夜おそくまではたらかなくてはならないこと。
〈例２〉休みが取りにくいこと。

てびき **１** (1)①スーパーマーケットでは、生活にひつようなさまざまなものがまとめて買えるので、多くの人が買い物をします。②肉屋のような、とくていのものをあつかっている店をせんもん店といいます。

(2)文は、電気せい品をあつかう大型せんもん店について書かれています。

(3)②肉屋は、肉の重さをはかってねだんを決めるはかり売りの店が多いです。

(4)肉屋やコンビニエンスストアは、小さな店で少ない人数がはたらいています。

２ (1)①インターネット上で買うので、品物は写真などでかくにんします。①いるいや電気せい品など、いろいろなものが売られています。

(2)いろいろな品物を100〜300円くらいのきんいつのねだんで売っています。

３ (1)コンビニエンスストアではＡＴＭでお金を

おろしたり、たくはいびんの発送や受け取りができたりするなど、生活にべんりなサービスがそろっています。

(2)魚などはコンビニエンスストアの中でさばくのではなく、調理された品物が工場から送られてきます。またコンビニエンスストアは売り場面積がかぎられているので、通路はせまくなっています。

(3)写真の四角のところは、「24時間営業」「年中無休」であることをしめしています。そのため、はたらく人が体を悪くするなどの問題もおこっています。

なぞり道場 何回も書いてかくにんしよう！

せ	ん	も	ん	店			

商	店	が	い				

---

3 安全なくらしを守る

56ページ **きほんのワーク**

❶ ①消ぼう自動車 ②8分
③もえうつる ④げんいん
⑤放火 ⑥たき火
❷ ⑦指令書 ⑧ぼう火服
⑨場所 ⑩119番

57ページ **練習のワーク**

❶ (1)2020年 (2)ウ
(3)①○ ②× ③×
❷ (1)①ウ ②イ ③エ ④ア
(2)119番

てびき **❶** (2)火事の件数は、2018年も2019年も61件で、同じです。

(3)①2016年から2020年にかけて、毎年１〜３人がなくなっています。②2016年・2017年・2019年は10人より少なくなっています。③2016年の火事の件数は2016〜2020年の間でもっとも少ないですが、火事による人のひがいは2017年の８人がもっとも少なくなっています。

❷ (2)119番に電話をかけると、その地いきにおかれている通信指令室に電話がつながるので、まず火事か救急かをつたえます。

左段

58ページ きほんのワーク

❶ ①119　②通信指令室　③予告
④出動　⑤けいさつしょ

❷ ⑥トレーニング　⑦ひばん
⑧水なん　⑨自然さいがい

59ページ 練習のワーク

❶ (1)通信指令室
(2)①イ　②ウ　③ア

❷ (1)午前8：30　(2)あ①　い⑥　う④
(3)救急救命士　(4)水なん救助車

てびき ❶ (1)通信指令室は、地いきの中心となる消ぼうしょにおかれています。通信指令室では、119番の電話がくるとすぐ、すべての消ぼうしょに対して、予告指令を出します。その後、火事の発生した場所や火事の大きさなどをかくにんして、じっさいに現場に向かう消ぼうしょに対して、出動指令を出します。

(2)ほかにも、**消ぼうだん**に対しては、消火の協力をようせいします。また、火事が広がらないようにするため、電力会社やガス会社には電気やガスを止めてもらいます。

❷ (2)あの引きつぎでは、はたらく人が交代するとき、次にはたらく人につたえておいたほうがよいことをつたえます。いはじっさいの火事現場を想定した救助訓練のようすです。うは消ぼうしょの人がみんなで集まってミーティング(話し合い)をするようすです。

60ページ きほんのワーク

❶ ①消火器　②消火せん
③火さいほう知せつび
④けいほうそうち　⑤ぼう火とびら
⑥ぼう火水そう

❷ ⑦消ぼうだん　⑧消火活動
⑨ぼう火しどう　⑩訓練

61ページ 練習のワーク

❶ (1)①火さいほう知せつび
②消火器　③消火せん
(2)①ウ　②ア　③イ
(3)①ア　②ウ　③イ

❷ イ

右段

てびき ❶ (1)①けむりを感知して、火事の発生を知らせます。火事を早いうちに消すことができるように、正じょうに動くかどうか、定期的にてんけんしてたしかめるひつようがあります。②火事がおこったときに使う消火のための道具です。火が小さいうちに使うことによって、ひがいをさいしょうげんにおさえることができます。③消火せんのホースはとても長くつくられているので、消火せんからはなれたところでおきた火事であっても、放水できるようになっています。

(3)①地いきには、さまざまなところに消火せんが用意されています。火事がおこったときには、火元に近いところにある消火せんをりようして放水をおこないます。②きん急時に多くの人がひなんできるだけの広い面積があるところが、ひなん場所に指定されています。③消ぼうだんに入っている人たちは、ふだんは別の仕事をしています。きん急時には現場へかけつけて、消ぼうしょの人と協力して、消火活動にあたります。

❷ アは消ぼうしょの仕事の説明です。ウは救急車に乗る人の仕事の説明です。エについては、消ぼうだんの人も消火活動をします。

62・63ページ まとめのテスト

1 ①てんぷら油　②放火
③たき火

2 (1)①ア　②オ　③イ　④ウ
⑤カ
(2)〈例〉もえうつるのをふせぐことができる
(3)ウ

3 (1)①イ　②ウ　③エ　④ア
(2)ひばん　(3)ゴムボート(ボート)

4 (1)①ア　②ウ　③イ
(2)〈例〉家が多いところ。

てびき 1 ①「てんぷら油がもえあがってしまった」ことが火事のげんいんです。②わざと火をつけて、たてものなどをもやすことを**放火**といいます。放火は、人がなくなることもあるたいへん重いはんざいなので、絶対にしてはいけません。③「集めた落ち葉や木のえだをもやす」ことをたき火といいます。たき火は、もえ広がるきけんがあるため、場所によっては、きょ

11

かなく勝手におこなうことはできません。

2 (1)②③通信指令室は、すべての消ぼうしょに対して、予告指令を出します。その後、火事の発生地や、火事の大きさなどをそうごうてきにはんだんして、じっさいに現場に向かう消ぼうしょに対して、出動指令を出します。

(2)火事がおきてから短い時間で現場に着くことができれば、火元になった家のひがいを小さくおさえることができます。また、まわりの家にひがいがおよぶこともふせぐことができます。

(3)⑦はけいさつしょ、⑦は水道局、⑤はガス会社におねがいをします。

3 (1)①火事は、昼間におきるとはかぎらず、みんながねている真夜中におきるかもしれません。そのため、いつ火事がおきてもすぐに出動できるように、24時間きんむ体制がとられています。②前もって火事に対する注意を説明しておくことで、少しでも火事がおこらないようにしています。③救急車での応急手当てが、その後のちりょうをするうえでとてもたいせつになります。④日ごろの訓練が、じっさいに火事がおきたときの消火活動で大きく役立ちます。

4 (1)①消火せんとけいほうそうちが一体となっています。また、けいほうそうちによって、火事の発生をすぐにつたえることができます。②ぼう火とびらとよばれるせつびです。火事がおこったとき、火がもえ広がるのをふせぐことができます。③学校のプールの水は、火事がおこったときに消火のためにりようされます。

(2)一つの家でおきた火事がまわりの家にもえ広がるのをふせぐには、すばやい消火がひつようです。そのため、家の多いところに消火せんを多くせっちして消火活動をしやすくしています。

なぞり道場 何回も書いてかくにんしよう！

1	1	9	番			

通	信	指	令	室		

消	火	器				

消	ぼ	う	だ	ん		

12

64ページ **きほんのワーク**
1 ①けいさつしょ
②消ぼうしょ
③そうさ
④へっている
2 ⑤110
⑥通信指令センター
⑦交番
⑧けいさつしょ
⑨消ぼうしょ

65ページ **練習のワーク**
1 ①○　　②×
③○　　④○
2 (1)①○　　②○　　③×
(2)通信指令センター
(3)⑤
(4)消ぼうしょ

てびき 1 ①交通事故の件数がもっとも多かったのは、2017年で、416件でした。②2016年の交通事故の件数は409件なので、400件を上回っています。③2017年から2020年にかけて、毎年、交通事故の件数は少しずつへってきています。④2016年から2019年までの交通事故の件数はいずれも300件を上回っていましたが、2020年の交通事故の件数は285件なので、300件を下回っています。

2 (1)①交通事故がおこったげんいんを調べるために、事故をおこした車の運転手や事故を見ていた人から話を聞きます。②交通整理は、お祭りのような、多くの人が集まる行事でもおこなわれます。③けがをした人を救急車で運ぶのは、消ぼう隊員の仕事です。その中にはけがの手当てができる救急救命士もいます。

(2)110番に電話すると、通信指令センターにつながります。通信指令センターが、けいさつしょなどにれんらくします。

(3)消ぼうだんは、ふだんは別の仕事をしていて、おもに火事や大きなさいがいのときに活動する地いきの人たちの集まりです。

(4)通信指令センターかられんらくを受けた消ぼうしょは、けが人の救助や火事の消火活動をおこないます。

66ページ　きほんのワーク

1 ①パトロール　②事件
　③法やきまり　④交通ルール

2 ⑤歩道橋
　⑥道路ひょうしき　⑦カーブミラー
　⑧ぼうはんカメラ　⑨交通安全教室
　⑩ボタン

67ページ　練習のワーク

1 (1)①ア　②エ　③イ　④ウ
　(2)法

2 (1)①イ　②ア　③ウ
　(2)交通安全教室

てびき **1** (1)①一人ぐらしのお年よりをたずねて、こまっていることがないかをたしかめています。②まちで、事件や事故がおこっていないかパトロールしています。③けいさつしょの人は交番の中にいるときも、このような仕事をしています。④駅の自転車おき場などで、ぬすまれた自転車がほうちされていないか、たしかめています。

2 (1)③体や目が不自由な人のためのボタンは、横断歩道のわきの低い位置についていて、おすと、青信号のときに音が鳴ったり、青の時間が長くなったりします。
　(2)交通安全教室は、守らなければならない交通ルールを教えたり、あぶない自転車の乗り方をしないように、しどうしたりしています。

68ページ　きほんのワーク

1 ①登下校　②見守り
　③けいさつしょ
　④緊急ひなんの家
　⑤交通少年団

2 ⑥地いきの安全　⑦時間
　⑧活動

69ページ　練習のワーク

1 (1)①イ　②ア　③ウ
　(2)①○　②×

2 (1)①ウ　②イ　③ア
　(2)①×　②○

てびき **1** (1)①登下校の見守りでは、横断歩道での声かけや交通ルールのしどうなどをおこなっています。
　(2)登下校の見守りには、地いきの人や学校のＰＴＡの人が参加しています。

2 (1)地いきの安全を守る活動のうち、パトロールは地いきの人や学校とけいさつしょ、交通安全教室はけいさつしょと市役所、緊急ひなんの家は地いきの人や学校と市役所、けいさつしょが協力しておこなっています。
　(2)①事件にまきこまれそうになったときは、一人で行動するのではなく、「緊急ひなんの家」に助けをもとめたり、けいさつにれんらくしたりするなどの行動をとりましょう。

70・71ページ　まとめのテスト

1 (1)①○　②×　③○　④×
　(2)イ、エ

2 ア、エ

3 (1)①カーブミラー　②横断歩道
　　　③歩道橋　④道路ひょうしき
　(2)ア
　(3)①エ　②ウ　③ア
　(4)〈例〉子どもが事件にまきこまれそうになったとき、ひなんできる場所。

4 (1)アとウ　(2)アとイ

てびき **1** (1)②2018年は1513件なのであやまりです。④2016年は1682件で、2000件よりも少なくなっています。グラフ中の2016〜2020年のうち、事件の件数が2000件をこえた年はありません。
　(2)ア110番のれんらくは、通信指令センターにつながります。ウ事故現場では、けいさつしょの人が交通整理をおこないます。交通しどう員は、登校中に通学路に立ち、わたしたちの安全を見守る仕事をしています。

2 消火活動や、救急車でけが人を運ぶ仕事は、消ぼう隊員や救急救命士の仕事です。また、交番では道案内などの仕事もおこなっています。

3 (1)①カーブミラーを見れば、曲がり角のかくれているところのようすを見ることができます。②道をわたるときに横断歩道をりようすれば、安全に歩くことができます。③交通量の多いと

ころには、横断歩道ではなく、歩道橋がかけられていることがあります。④道路ひょうしきは、自動車が止まるひつようのあるところや、横断歩道があるところなどをしめしています。

(2)カーブミラーは、道の角や交差点など、見通しの悪い場所にせっちされています。また、①は事故がおきたことがある場所などをつたえるかんばんがある場所、⑦は横断歩道がある場所、⑤は信号機のある場所をしめしています。

(3)①交通安全教室では、市役所の人やけいさつしょの人が協力して、交通ルールなどを教えています。②見守り活動は、わたしたちのお父さんやお母さん、地いきの人たちが協力しておこなっています。

(4)緊急ひなんの家には、ゆうびん局やお店などがとうろくしていて、入り口などに「緊急ひなんの家」のステッカーがはられています。きけんを感じたときには、身の安全を守るために、緊急ひなんの家にかけこむようにしましょう。

4 地いきの安全を守るため、けいさつしょや市役所だけでなく、地いきのさまざまな人が協力しています。

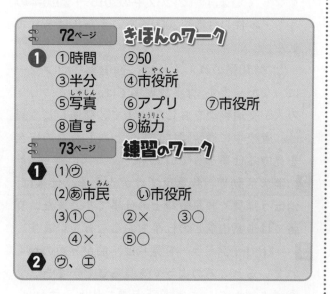

てびき ❶ (1)橋が使える年数はふつう、つくってから50年だとされています。近年、日本中の古くなった橋やトンネル、道路などをどのようにして直していくかが問題となっています。

(2)「パッ！撮るん。」は、市民が市役所にこわれたところやあぶないところをつうほうするためのアプリです。

(3)「パッ！撮るん。」は、市民が市役所に、せつびの修理などの対応をおねがいするためのアプリなので、けしきや祭りの写真を送ることは、正しくありません。

❷ まちの安全を守るためには、市役所や市民がそれぞれどりょくするだけでなく、おたがいに協力していくことがたいせつです。

なぞり道場 何回も書いてかくにんしよう！

こう	つう	あん	ぜん	きょう	しつ		
交	通	安	全	教	室		

ほ	どう	きょう					
歩	道	橋					

72ページ きほんのワーク
❶ ①時間　②50
　③半分　④市役所
　⑤写真　⑥アプリ　⑦市役所
　⑧直す　⑨協力

73ページ 練習のワーク
❶ (1)⑦
　(2)あ市民　い市役所
　(3)①○　②×　③○
　　④×　⑤○
❷ ⑦、⑤

4　市のようすとくらしのうつりかわり

■ **74ページ　きほんのワーク**

❶ ①表題　　②数
　　③へんか　　　④ぎもん
　　⑤観光客　　⑥年　　⑦300
　　⑧700　　⑨2　　⑩ふえ

■ **75ページ　練習のワーク**

❶ 下の図

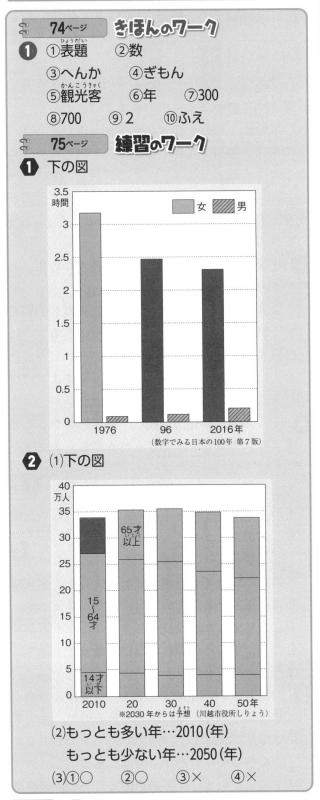

3.5
時間

（女　男）

3
2.5
2
1.5
1
0.5
0
　　1976　　96　　2016年
（数字でみる日本の100年　第7版）

❷ (1)下の図

40
万人
35
30
25
20
15
10
5
0
　65才以上
　15〜64才
　14才以下
　2010　20　30　40　50年
※2030年からは予想（川越市役所しりょう）

(2)もっとも多い年…2010（年）
　　もっとも少ない年…2050（年）
(3)①◯　②◯　③×　④×

てびき ❶ 1996年は、「2.5」の少し下、2016年は「2」と「2.5」の真ん中よりも少し上まで、ぼうをかきます。

❷ (1)2010年の「35」の少し下までかき足します。
　(2)2010年〜2050年の各グラフを見ると、2010年がもっとも多く、だんだんと少なくなっていることがわかります。

(3)①グラフを見ると、2020年の65才以上の人口はおよそ9万人ですが、2030年はおよそ10万人、2040年にはおよそ11万人になっています。じょうぎを当てて、ぼうの高さをはかってみると、少しずつふえていることがわかりやすいです。②グラフを見ると、2030年の15〜64才の人口はおよそ21万人ですが、じょじょにへりつづけ、2050年にはおよそ16万人になっていることがわかります。③2050年までの間に、人口が30万人以下になる年はありません。④2010年から2050年にかけて、14才以下の人口が5万人以上であることはありません。

■ **76ページ　きほんのワーク**

❶ ①博物館　②もけい　③江戸時代
　　④あんどん　⑤石油ランプ
　　⑥電とう
❷ ⑦ふね　⑧鉄道　⑨昭和
　　⑩高速道路

■ **77ページ　練習のワーク**

❶ (1)もけい
　(2)①ウ　②イ　③ア
　(3)江戸時代
❷ (1)ふなつき場　(2)①い　②あ
　(3)元号　(4)昭和

てびき ❶ (2)①電とうは、電気を使うあかりの道具です。それまでの、火を使う照明の道具にくらべて、長い時間あかりをともすことができます。②石油ランプは、石油というねんりょうをりようしてあかりをともします。③あんどんは、中の皿に油を入れて、火をともします。

❷ (2)ふね、鉄道、高速道路のじゅんに交通がはったつしました。

■ **78ページ　きほんのワーク**

❶ ①20　②ふね
　　③1時間
❷ ④人口　⑤公共　⑥火ばち
　　⑦せんたく板とたらい
　　⑧かまど　⑨石油ランプ
　　⑩電気　⑪大火事

❶ (1)川越鉄道　(2)①×　②○
❷ (1)①○　②○　③×
　(2)はこぜん
　(3)①⑦　②⑦　③⑦

てびき ❶ (1)東上鉄道は1916年、川越鉄道は1895年、川越電気鉄道は1906年にできたので、さいしょにできたのは川越鉄道、次に川越電気鉄道、その次に東上鉄道ができたとわかります。
　(2)①東京までは、ふねで1日近くかかっていましたが、鉄道が通ったことで、1時間ほどで行けるようになりました。②鉄道が通ったことで、人の行き来や、もののいどうがふえました。
❷ (1)鉄道が通ったころの川越は、まわりの村といっしょに川越市となったこともあり、人口がふえました。そのころ多くの公共しせつがたてられましたが、今は新しいたてものにかわっています。
　(2)食事のときには、はこぜんの中に入っている食器がはこぜんの上にならべられました。
　(3)③「めぬり台」は、火事がおきたとき、とびらのすきまに土をぬるために人が立つ台です。すきまをうめることで、火が中に入ることをふせぐことができます。

❶ (1)③→①→②
　(2)①○　②×　③×
❷ (1)○　(2)×　(3)○　(4)×
❸ (1)①○　②×　③○
　(2)〈例〉鉄道が通ったことで、交通の便がよくなったから。
❹ (1)①発電所　②井戸　③食事
　(2)①かまど　②火ばち
　　③せんたく板、たらい
❺ (1)⑦　(2)⑦

てびき ❶ (1)①は石油ランプ、②は電とう、③はあんどんです。あんどんや石油ランプは、電気がなかったころに使われていたあかりの道具です。電とうは部屋じゅうを明るくすることができ、より長い時間あかりをたもつことができます。

(2)②③130年前から80年前には鉄道ができ、ふねのりようは少なくなりました。
❷ (1)工場は2つの鉄道(川越鉄道・東上鉄道)の近く、学校は川越街道の近くや家の多いところにつくられました。
　(2)地図1でも、川越街道ぞいなどに家が多く集まっているところがあります。
　(3)地図1の西がわで田が広がっていたところの中に、地図2では、道路やくわ畑になっているところがあります。
　(4)川越鉄道が通るところは、地図1では田が少し見られるだけで、「家が多いところ」はありませんでした。
❸ (1)②1925年の人口はおよそ3万人なので、あやまりです。
　(2)鉄道が通ったことで、川越と東京のあいだを1時間ほどで行き来することができるようになりました。そのため、人やもののいどうがさかんになり、多くの人が川越でくらすようになりました。
❹ (1)①1904(明治37)年に、石炭をもやして発電する火力発電所がたてられました。あまった電気は工場で使われました。②井戸から水をくみ上げるのはたいへんなろうどうでした。③食事のじゅんびなど、子どもも家の手つだいをすることが当たり前でした。
　(2)①かまどは、ごはんをたいたり、なべで食べ物をにたりするために使われました。②火ばちは、部屋をあたためたり、やかんで湯わかしをしたりするために使われました。③せんたくものを、せんたく板とたらいを使って、手でこすってよごれを落としていました。
❺ (1)□1つが、100戸をしめしています。ぜんぶに色がぬられている□は13こあるので、大火事でやけた家の数は、およそ1300戸だとわかります。
　(2)くらづくりのたてものは火事に強く、大火事でもやけのこったものがあったので、大火事のあとに多くたてられました。

なぞり道場 何回も書いてかくにんしよう！

あ	ん	ど	ん			

元	号					

発	電	所				

82ページ きほんのワーク

❶ ①高速道路　　②バイパス
　　③工業団地　　④自動車

❷ ⑤昭和　　⑥人口　　⑦市役所
　　⑧小学校　　⑨公共しせつ

83ページ 練習のワーク

❶ (1)①×　　②○　　③×
　　(2)①ウ　　②ア　　③イ

❷ (1)①○　　②○　　③×
　　(2)公共しせつ

てびき ❶ (1)①高速道路が通ったことで、それまでよりもさらに交通の便がよくなり、人口がふえました。③道路のせいびが進められましたが、自動車の数もふえ、道路がじゅうたいするようになりました。

(2)①工業団地には、道路や水道など、せい品をつくるためにひつようなせつびが整えられています。

❷ (1)③大きな7階だての市役所は、人口がふえたことで仕事がふえ、大きなたてものがひつようになったことからたてられました。

84ページ きほんのワーク

❶ ①二そう式せんたくき
　　②電気がま　　③電とう　　④クーラー

❷ ⑤35万人　　⑥駅　　⑦ふえていかない
　　⑧お年より　　⑨15〜64才

85ページ 練習のワーク

❶ (1)①ア、エ　　②イ、ウ
　　(2)ア

❷ (1)①エ　　②ア　　③イ　　④ウ
　　(2)ア

てびき ❶ (1)①およそ70〜60年前には、部屋をあたためるために⑦の石油ストーブが、ごはんをたくために④の電気がまがよく使われていました。また、およそ50〜40年前には、部屋を明るくするために④のけい光とうが、部屋をすずしくするために⑦のクーラーが使われることがふえました。

(2)せんたくきなどの道具が広まったことで、それまで手作業でおこなっていた家の仕事にかかる時間が短くなりました。

❷ (2)川越市では、お年よりの人口がふえ、若い人の人口がへっています。

86ページ きほんのワーク

❶ ①鉄道　　②工業団地　　③人口
　　④かまど　　⑤エアコン　　⑥古い

❷ ⑦ぜい金　　⑧サービス
　　⑨観光客

87ページ 練習のワーク

❶ ①電とう　　②市
　　③電気せい品　　④自動車
　　⑤お年より

❷ (1)①×　　②○　　③○
　　(2)①ア　　②イ

てびき ❶ ①電気は火力発電所でつくられていました。③およそ70〜60年前から、電気がまや電気せんたくきなどの電気せい品が、家庭で広く使われるようになりました。これらの電気せい品が使われるようになったことで、家の仕事にかかる時間はへるようになりました。⑤これからは、子どもの数がへり、お年よりの数がふえていくと予想されています。

❷ (1)①市役所は、市民からぜい金を集めて、市民にひつようなサービスをていきょうしています。②お年よりや体が不自由な人のなかには自動車の運転がむずかしい人もいます。そのような人たちにとって鉄道やバスは、いどうのときにとても役立ちます。③市役所以外でも、市のサービスを受けられるようにしています。

(2)①でんとうてきなくらづくりのたてものや町なみをたいせつにするため、かんばんをはずし、電線をうめました。②国内からだけでなく、外国からの観光客も多くおとずれています。

1 (1)①○　②×　③○　④×
　　(2)⑦
　　(3)工業団地　(4)公共しせつ
　　(5)⑦、⑦
　　(6)〈例〉家の仕事にかかる時間がへった。

2 (1)⑦、⑦
　　(2)①電気　②たき方
　　(3)下の図

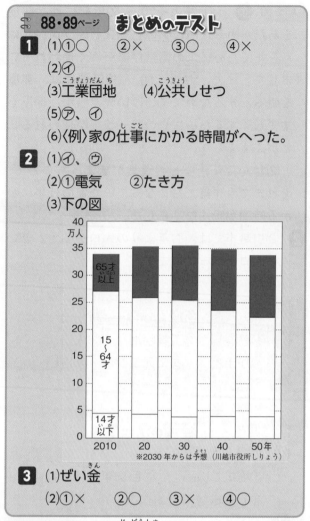

　　　※2030年からは予想（川越市役所しりょう）

3 (1)ぜい金
　　(2)①×　②○　③×　④○

てびき **1** (1)①自動車の数は、1966～1976年のあいだにおよそ80万台ふえ、1976～1986年のあいだにおよそ100万台ふえたので、より大きくふえたのは1976～1986年のあいだです。②1976年の自動車の数は105万5965台なので、150万台はこえていません。

(5)1970年代（およそ50年前）には、ごはんをたくために⑦の自動すいはんきが、せんたくのために⑦の二そう式せんたくきがよく使われていました。また、1890～1940年ごろ（およそ130～80年前）には、部屋をあたためるために⑦の火ばちが、1950～60年代（およそ70年前）には、部屋を明るくするために⑦の電とうがよく使われました。

(6)べんりな電気せい品が数多くあらわれたことで、食事のじゅんびやせんたくなどにかかる時間や手間が大きくへりました。

2 (1)⑦川越と江戸（東京）を行き来するふねは、今から380年以上前から、1931年まで使われていました。⑦バイパスやかんじょう線ができたのは、今からおよそ50年前のことです。

(2)①今のくらしで使われているエアコンは、昔のくらしで使われていたクーラーにくらべて、使う電気のりょうが少なくなっています。②今では、おかゆやたきこみごはんもおいしくつくることができるなど、べんりなきのうをもったすいはんきがあります。

(3)2010年から2050年にかけて数がふえていく、一番上の部分が「65才以上」です。子どもの数はへっていくと予想されているので、いちばん下は「14才以下」があてはまります。まん中は、どの年でももっとも多いものの、これから数がへっていくと予想されている「15～64才」をあらわしています。

3 (1)国民・住民から集めたぜい金をもとにして、国や都道府県、市（区）町村は、学校や道路をつくったり、観光案内所のようなサービスをていきょうしたりしています。

(2)①市に住む人がふべんさを感じないように、たてものの少ないところから、店や病院などのしせつが多いところへうつり住んでもらえるように、市役所がしえんする取り組みがみられます。③市役所では、自動車を運転しなくても出かけやすいように、鉄道やバスで地いきどうしをむすぶことを、鉄道やバスの会社にはたらきかけています。

なぞり道場　　何回も書いてかくにんしよう！

工	業	団	地		
電	気	せ	い	品	
ぜ	い	金			
公	共	し	せ	つ	

❶ ①平成　　　②10
　③自動車　　④お年より
　⑤わかい人　⑥人口
　⑦交通会社　⑧コミュニティバス
　⑨買い物

❶ (1)ウ
　(2)①○　②○　③×　④○
　(3)①エ　②イ　③ウ　④ア
❷ イ

てびき ❶ (1)三重県津市は、2006（平成18）年にまわりの市町村といっしょになって広い市になりました。自然のゆたかな市ですが、わかい人を中心に人口が少なくなっています。また、広い市になったことで自動車がないと出かけにくい地いきがふえています。
(2)③2020年の人口は10000人より少し多いくらい、1990年の人口は15000人くらいなので、半分を大きくこえています。
❷ SDGsには17の目標が設定されていますが、市内の交通をせいびする取り組みは、目標11「住み続けられるまちづくりを」があてはまります。この目標のもとでは、まちのかんきょうのせいびのほかに、古くからのこる文化財のほごなどがおこなわれています。

❶ ①せんたく板とたらい
　②ドラム式
　③かまど
　④すいはんき　⑤火ばち
　⑥石油ストーブ　⑦エアコン
　⑧二そう式　⑨自動

❶ (1)あイ　いア　うウ
　(2)あウ　いイ　うア
❷ (1)ごはん〔お米〕　(2)ア
❸ ①かからない　②長い

てびき ❶ (1)あは昔の電気せんたくき、いはせんたく板とたらい、うはドラム式せんたくきです。せんたくきは、あの電気せんたくき→二そう式せんたくき→うのドラム式せんたくき、とうつりかわっています。
(2)あ今から70年前くらいから、せんたくき・そうじき・電気がまなどの電気せい品が家庭に広まったことで、家の仕事にかかる時間がへっていきました。ただし、今とはちがい、せんたくきでのだっ水などは、人の手でおこなうひつようがありました。い今から100年くらい前のせんたくは、せんたく板とたらいを使って、手あらいしていました。また、かまどでごはんをたくために、火の強さを調節するひつようがあり、こつやくふうがいりました。う今のくらしでは、電気せい品が進歩したことで、食事のじゅんびやせんたくなど家の仕事にかかる時間がたいへん短くなりました。
❷ (1)絵の道具は、電気を使ってごはんをたくことができるだけでなく、いろいろなたき方ができるきのうを持つすいはんきです。
(2)イ電気がまがよく使われるようになったのは、およそ70年前です。ウ50年前ごろにほとんどの家で使われるようになった自動すいはんきでは、タイマーをりようすることで、夜ねている間でも自動的にごはんをたくことができるようになりました。
❸ ＬＥＤ照明は、それまで使われていた電球やけい光とうなどにくらべて、使える期間が長く、電気をあまり使わないというとくちょうがあります。今はいろいろなところでＬＥＤ照明へのきりかえが進められています。

94ページ **きほんのワーク**

❶ ①さくいん　②50音　③34
　④土地りよう　⑤山　⑥市街地（しがいち）
　⑦赤い　⑧青い

95ページ **練習のワーク**

❶ (1)①⑦　②⑦　③⑦

　(2)下の図

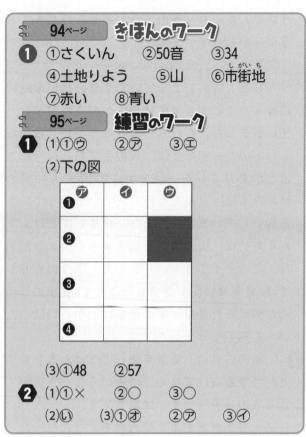

　(3)①48　②57

❷ (1)①×　②○　③○
　(2)①　(3)①⑦　②⑦　③⑦

てびき ❶ (2)さくいんは、さいしょの数字が
ページ、次（つぎ）のカタカナはたての線のあいだの記
号（ごう）、その次の数字は横（よこ）の線のあいだの番号（ばんごう）をし
めしています。
　(3)②「野田（のだ）」という地名は、さくいんに２つ
のっていますが、「岩手県（いわて）の」という指定（してい）がある
ため、「57ウ１」の方をえらびます。
❷ (1)①美濃加茂（みのかも）は岐阜県（ぎふけん）にあります。
　(2)さくいんは50音じゅんにならべられていま
す。あ～うを50音じゅんにならべると、い「お
かざき」、う「くわな」、あ「せと」のじゅん番に
なります。
　(3)「33」はページ、「ア～エ」はたてのはんい、
「１～４」は横のはんいをしめしています。①は
んいのほとんどが岐阜県で、大垣（おおがき）があります。
②中部国際空港（ちゅうぶこくさいくうこう）や半田（はんだ）があります。③愛知県（あいちけん）の
はんいにあたり、瀬戸（せと）や豊田（とよた）があります。なお、
⑦の四日市（よっかいち）は「イ④」のはんいに、⑦の名古屋城（なごやじょう）
は「ウ③」のはんいにあります。

実力判定テスト　夏休みのテスト①

1 わたしたちの住んでいる市のようす①
次の地図を見て答えましょう。(3)(4)は1つ5点、1つ10点[50点]

(1) 学校のまわりを見学したときに、右の絵の道具を使いました。
① この道具を何といいますか。
（　方位じしん　）
② ①の道具の色がついたはりは、どの方角を向いているのですか。
（　北　）

(2) 右の絵の、学校の屋上から見てようすをえがいたものです。あ～えのどの方角から見たものですか。（　⑦　）

(3) 次の2人は、地図中のあ～えのどのコースで見学しましたか。

① ⑦線路をわたったあと、橋を通り、川の向こうがわに出ました。
（　　　）
② 神社やお寺など、古くからあるたてものを調べました。
（　　　）

(4) みんなのために市などが作った公共しせつを、この地図中から見つけて学校のほかに1つ書きましょう。
（図書館　公民館　公園から1つ）

実力判定テスト　夏休みのテスト①

2 わたしたちの住んでいる市のようす②
次の地図を見て答えましょう。1つ10点[50点]

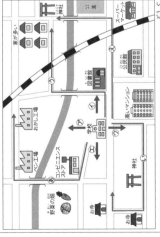

凡例：市役所　学校　工場　交番　神社　田　畑　家の多いところ　キャンプ場　公園

(1) わたしたちの学校から見て、公園はどの方位にありますか。
（　東　）

(2) 地図中の①の地図記号は何をしめしていますか。また、②のゆうびん局にあてはまる地図記号を地図中から、さがしてかきましょう。
① （　図書館　）　②

(3) この市で工場が集まっているところについて正しく説明している文に○を書きましょう。
⑦（　）原料を船で運ぶのにべんりな海の近くに集まっている。
①（　）はたらく人が通うのにべんりな駅の近くに集まっている。
⑦（○）品物をトラックで運ぶのにべんりな高速道路の出入り口の近くに集まっている。

(4) この市の土地の高いところには、休みの日に多くの人がおとずれます。それはなぜですか。
《例》キャンプ場や公園があるから

実力判定テスト　夏休みのテスト②

1 工場ではたらく人びとの仕事
あんパン工場の図を見て答えましょう。(1)は1つ5点、1つ10点[50点]

あ　パンの生地をこねる
①　やき上がりをかくにんする
⑦　はたらく人

(1) あについて、次の文の（　）にあてはまることばを書きましょう。
にあてはまる方に○を書きましょう。
▲生地をこねる作業など、力を使う作業も多いです。いっぽうで、人の手でておこなわないような作業の多くは、｛機械・人の目｝にたよっておこなっています。（　機械　）

(2) 次にあてはまるあんパンの原料を、⑥の中からえらびましょう。
① パンの生地になる原料で、アメリカから取りよせている。　（　こむぎ　）
② あんの原料で、北海道から運ばれてくる。　（　あずき　）

(3) ⑦は、工場ではたらく人の服そうです。パンの生地やあんの中にかみの毛を落とさないためにかぶくくふうを書きましょう。
《例》ぼうしをかぶっている。

(4) ⑦について、パン工場ではたらく人のうち、市内から来る人は何を使ってはたらきに来ていますか。1つ書きましょう。
（　自転車、自動車から1つ　）

---

2 畑ではたらく人びとの仕事
次のカードを見て答えましょう。(3)は1つ5点、1つ10点[50点]

あ　ひりょうをまき、トラクターで土をたがやす。

①　れんこんに虫がつかないように、農薬をまく。

⑦　水をためた畑に、れんこんを植えつける。

え　育ったれんこんのしゅうかくを始める。

(1) 次の農家の人の説明とかかわりが深い作業を、カードあ～えから、それぞれえらびましょう。

① もうすぐ出荷するれんこんにきずがつかないように、手作業でおこなっています。（　え　）

② 質のよいれんこんを作るために、えいようがたっぷりふくまれた、やわらかい土をつくっています。（　あ　）

③ れんこんが病気になったり、食べられてしまったりするのをふせぐためにおこなっています。（　①　）

(2) 右の絵は、しゅうかくしたれんこんが運ばれる場所で、品物をたくさん仕入れるんたちに売るためにおこないています。このしせつを何といいますか。

（　おろし売り市場　）

(3) (2)かられんこんが運ばれる先について、正しいもの2つに○を書きましょう。
⑦（　）わたしたちの家
①（○）やお屋
⑦（○）スーパーマーケット
え（　）直売所

21

店ではたらく人びとの仕事①

① 次の図を見て答えましょう。 1つ10点(50点)

(1) 家の人が、もっとも多く買い物をした店はどこですか。
（スーパーマーケット）

(2) 家の人は、学校の近くのやお屋のように、ほかの店と同じように、4回買い物をしています。その店を、地図中に■を書き入れましょう。

(3) やお屋・魚屋・肉屋などのいろいろな店が、通りにそうなどに集まっているところを何といいますか。地図中からえらびましょう。
（商店がい）

(4) コンビニエンスストアについて、あやまっている文に×を書きましょう。
- ア（　）朝早くから夜おそくまで開いている店が多い。
- イ（　）たくはいびんを送ることや、電気代などのしはらいもできる。
- ウ（×）スーパーマーケットよりも広く、ねだんも安い。

(5) 次の絵の人は、スーパーマーケットとコンビニエンスストアのどちらではたらいていますか。
（スーパーマーケット）

店ではたらく人びとの仕事②

② 次の問いに答えましょう。 1つ10点(50点)

(1) 次の絵は、スーパーマーケットのどのようなくふうですか。それぞれえらびましょう。
- ア 車で買い物に来る人のためのくふう。
- イ 子どもをつれて買い物をしたい人のためのくふう。

①（ア）　②（イ）

(2) 右の絵は、空きかんやペットボトルなどを回収するためのコーナーです。このコーナーを何といいますか。
（リサイクルコーナー）

(3) 次の図からわかることを2つに○を書きましょう。

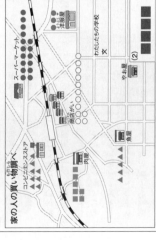

スーパーマーケットで買えるカレーの材料の産地

- ア（　）じゃがいもやにんじんは北海道から仕入れている。
- イ（　）近くでとれた品物だけでカレーをつくることができる。
- ウ（　）外国から仕入れている品物もある。
- エ（　）たまねぎの産地はオーストラリアである。

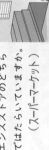

火事から人びとを守る

① 次のしりょうを見て答えましょう。 1つ10点(50点)

① ア　　② エ　　③（地図）　　④（ロボット）

(1) ①・②のしりょうから、どのようなくふうがわかりますか。次からえらびましょう。
- ア 火事のときでもすばやくどこかへ行けるくふう。
- イ 火事の電話をすぐに伝えるくふう。
- ウ 消火に使う水をかくほするためのくふう。
- エ 夜の火事にそなえて、交代ではたらくくふう。

(2) ③の地図は、まちの消ぼうしせつをしめしたものです。地図中の消火せんにあてはまる写真を、次からえらびましょう。（ウ）

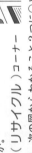

ア　　イ　　ウ

(3) ④の絵は、消ぼう隊員が器具がちゃんと動くか調べているようすです。これを何といいますか。次からえらびましょう。（てんけん）

訓練（くんれん）　てんけん

(4) 消ぼうするときは、地いきの人たちも消ぼうしに協力しています。それはどんな考えによるものですか。
▲ 自分たちのまちは（　守る　）という考え。

交通事故や事件から人びとを守る

② 次の図を見て答えましょう。 1つ10点(50点)

(1) 交通事故がおきたことをけいさつに知らせるときの電話番号は何番ですか。（110番）

(2) (1)の電話が最初につながるところを、図中からえらびましょう。
（通信指令センター）

(3) 図中の交番につとめるけいさつしょの人の仕事にあてはまらないものに×を書きましょう。
- ア（　）町のパトロールをおこなう。
- イ（×）けがをした人を救急車で病院に運ぶ。
- ウ（　）ぬすまれた自転車をさがす。

(4) 次のあ〜うは安全を守るしせつです。図中のような自動車どうしの事故をふせぐためのものを、あ〜うからえらびましょう。（①）

あ　　い　　う

(5) 次の話にあてはまる店や家は、何といいますか。
（緊急ひなんの家）

私の店では、事件にまきこまれそうになった子どもたちが、ひなんできるようにしています。

実力判定テスト　学年末のテスト②

3年生のまとめ②

2 次の絵を見て答えましょう。　1つ10点 (50点)

① こまつな工場の人

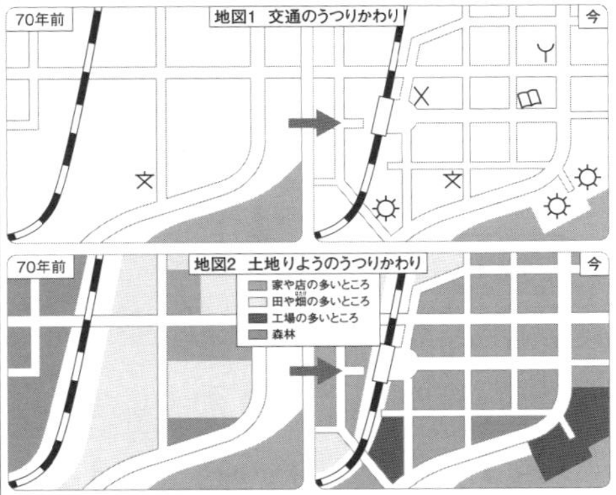

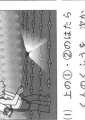
② かまぼこ工場の人

③ スーパーマーケットの人

(1) 上の①・②のはたらく人のくふうと、次のらんをえらびましょう。
　㋐ ていねいに手をかけて、品物の売れぐあいをあらべる。
　㋑ 病気や害虫が出ないように、農薬をまいている。

(2) ③の絵で、スーパーマーケットの人が、にならべられた賞味期限や消費期限をわかりやすくしているのはなぜですか。
　▲ おいしくて（　安全　）な品を買ってもらうため。

(3) スーパーマーケットが、しょうひ者のあるひのためにおこなっていることとして正しいものに○を書きましょう。
　㋐（○）せんようのちゅう車場をつくっている。
　㋑（　）店の近くにある学校の給食のこんだて表をおいている。
　㋒（　）リサイクルのために、空きかんやペットボトルなどを回収している。

(4) ①の農家の人がいろいろな古い道具をしめした「くわ」のような、安全な場所・あぶない場所をしめしたものです。あ～うのうち、安全な場所を見学したいとき、どこに行くとよいですか。（　㋒　）
　㋐ 神社　㋑ 公民館　㋒ 博物館

実力判定テスト

3年生のまとめ①

1 次の地図を見て答えましょう。　1つ10点 (50点)

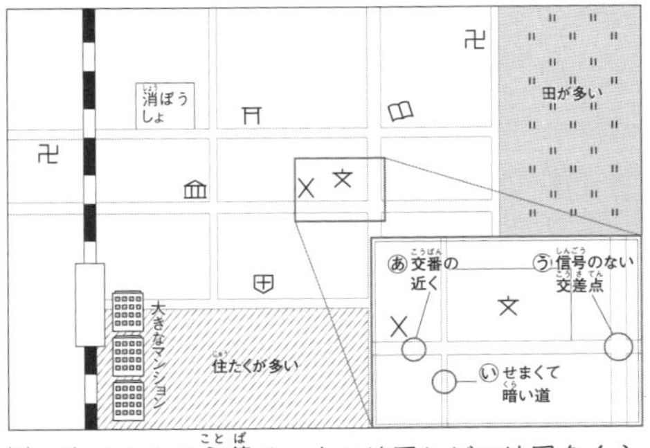

(1) 次の2人の言葉は、上の地図と下の地図をくらべたものですか。あとから㋐か㋑をえらびましょう。

　㋐ マンションや住たくが多い場所は、50年前は林だったよ。

　㋑ 東のほうの田が広がっているところは、ひくい土地なんだよ。

　(1)（　㋐　）　(1)（　㋑　）

(2) 地図の土地の高さがわかる地図は、どのような地図記号でしめされますか。
　㋐ 昔の地図　㋑ 県全体の地図

(3) 消ぼうしょではたらく人の説明として正しいものに○を書きましょう。
　㋐（○）ふだん自分の仕事をしているが、火事のときに消火作業や救助をおこなう。
　㋑（　）110番の通報をうけて、8分以内に現場に来る。
　㋒（○）交代できんむし、てんけんや訓練をかかさずにおこなう。

(4) □の地図は、あぶない場所をしめしたものですか。あ～うのうち、安全な場所をいろいろと見学したいとき、どこをえらびましょう。（あ）

実力判定テスト　学年末のテスト①

うつりかわる市とくらし①

1 次の地図を見て答えましょう。　1つ10点 (50点)

地図1　交通のうつりかわり
70年前

地図2　土地りようのうつりかわり
70年前
今

(1) 地図1からわかるうつりかわりとして正しいものに○をつけましょう。
　㋐（　）地図に鉄道や、道路もふえた。
　㋑（○）鉄道が新しく駅ができた。

(2) 地図2で、新しくできたうち地と、ともに何に使われていますか。（　工場　）

(3) 地図1・2を見てわかることについて、次の出だしに続けて、かんたんに書きましょう。
　70年のあいだに交通がべんりになったため、田や畑が少なくなって、工場がふえた。

(4) 上の古い地図が書かれたのは、あとの年表中の㋐～㋔のどの時期ですか。（　㋑　）

(5) 年表中の□にあてはまる元号を答えましょう。（　平成　）

大正 100年前	昭和 50年前		30年前	令和
市のてつどうが通る	せんそうが終わる		新しい駅ができる	駅前に大きなビル
㋐	㋑	㋒	㋓	㋔

うつりかわる市とくらし②

2 次の問いに答えましょう。

(1) 上の絵は何をする道具のうつりかわりですか。
　▲《例》ごはんをたく
(2) 上の絵の㋐にあてはまる道具の名前を次からえらびましょう。（　かまど　）
　いろり　ランプ　かまど

(3) 次の絵の道具の今の形を右からえらびましょう。（㋒）

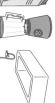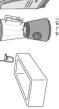

(4) 道具がべんりになったことの説明として正しいものに○を、まちがっているものに×を書きましょう。
　㋐（×）昔とくらべ、家事の時間が長くなった。
　㋑（　）スイッチをおすだけで使えるものがふえた。
　㋒（　）電気がないと使えないものがふえた。

(5) あかりのうつりかわりをしめした次の絵を、古い順にならべましょう。
　（㋑）→（㋐）→（㋓）→（㋒）

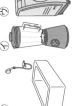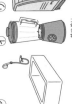

23

次の地図記号の意味を　　　からえらびましょう。

1つ5点【100点】

記号	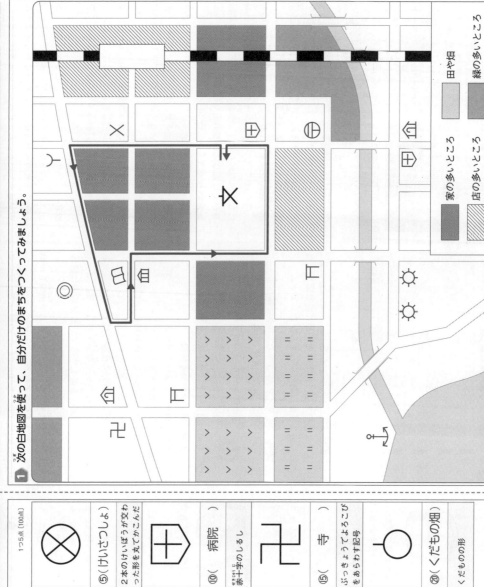	⑥	⑪	⑯
記号	①文	②◎	③○	④×	⑤⊗
意味	①（学校）	②（市役所）	③（町役場・区役所）	④（交番）	⑤（けいさつしょ）
もとになったもの	漢字の「文」という文字の形	市役所よりも大きさがちがう二重丸	市役所より1つ小さい丸	2本のけいぼうが交わった形を丸でかこんだ	2本のけいぼうが交わった形
記号	⑥Y	⑦血	⑧血	⑨⊕	⑩⊕
意味	⑥（消ぼうしょ）	⑦（図書館）	⑧（博物館・美じゅつ館）	⑨（ゆうびん局）	⑩（病院）
もとになったもの	昔使われていた、消ぼう用の道具の形	本を開いた形	博物館などのたてものの形をイメージしたもの	ゆうびんのマークを丸でかこんだ	赤十字のしるし
記号	⑪血	⑫☼	⑬☼	⑭卄	⑮卍
意味	⑪（老人ホーム）	⑫（工場）	⑬（発電所・変電所）	⑭（神社）	⑮（寺）
もとになったもの	たてものの中にお年よりのつえをかいたもの	工場の機械に使われる歯車の形	発電機の部品の形をイメージしたもの	入り口にあるとりいの形	ぶっきょうでよろこびをあらわす記号
記号	⑯⏚	⑰▬▬	⑱Ⅱ	⑲Ⅴ	⑳○
意味	⑯（港）	⑰（鉄道）	⑱（田）	⑲（畑）	⑳（くだものの畑）
もとになったもの	船のいかりの形	線路の形	いねをかりとったあとの切りかぶの形	たねからめを出してできたふたばの形	くだものの形

くだものの畑　　学校　　けいさつしょ　　町村役場・区役所　　工場　　寺　　交番　　市役所　　消ぼうしょ
神社　　鉄道　　発電所・変電所　　病院　　図書館　　博物館・美じゅつ館　　田
畑　　発電所・変電所　　港　　ゆうびん局　　老人ホーム

1 次の白地図を使って、自分だけのまちをつくってみましょう。

- このページのうらにある地図記号ももとにして、さまざまな地図記号をかき入れましょう。
- 「家の多いところ」「店の多いところ」「田や畑」「緑の多いところ」の色を決めて、色をぬりましょう。
- 地図ができたら、中心の学校を出てまちをたんけんする道じゅんをかき入れましょう。たんけんコースの名前もつけましょう。　　〈例〉公共しせつのたんけんコース

家の多いところ	田や畑
店の多いところ	緑の多いところ